KB192824

이윤구의
모두를 위해
모두가 함께 꾸는 꿈

# 이윤구의
# 모두를 위해
# 모두가 함께 꾸는 꿈

**이은영** 지음

## 사회복지 인물사 2

미래복지경영    코람데오

# 순전한 사회복지사 이윤구 박사

최 성 균

(사)미래복지경영 이사장·회장
한국사회복지사협회 제15대 회장

이윤구 회장은 1991년 1월, 월드비전 회장으로 취임했다. 그는 회장으로 취임하자마자 나에게 연락을 했다. 그는 대학 때 나의 스승이자 선배이기도 했다. 그의 요청으로 나와 월드비전의 인연이 시작되었다. 송파종합사회복지관의 관장, 월드비전 본부의 사업국장 등 굵직한 업무들을 감당하면서 이윤구 회장이 추구하는 월드비전을 만들어가는 데에 함께 했다. 이윤구 회장은 일도 잘하지만, 일을 잘 벌이는 사람이었다. 나는 이윤구 회장이 벌여 놓은 일이 잘 시행될 수 있도록 해결하고 처리하는 일을 맡았다. 이윤구 회장이 열정과 헌신으로 활동함에 따라 월드비전은 조금씩 변화되기 시작했다. 그리고 얼마 지나지 않아 월드비전은 전문적인 사회복지기관으로 확장되어 갔다.

나는 이윤구 회장의 순전한 사회복지적인 가치관과 강력한 추진력을 보고 배울 수 있었다. 특히 월드비전을 세워 나가는 과정에서 창의적으로 개발하여 실행했던 '사랑의 빵 운동'과 '기아체험 운동'의 성공적인 수행에서 커다란 도전과 감동을 받았다. 실로 기적이었다. 이렇게 모금의 기적을 통한 힘은 국내만이 아닌 전 세계 곳곳에서 기아에 허덕이는 가난하고 소외된 사람들을 향한 사랑의 나눔과 섬김을 이뤄냈다. 한 사람의 영향력이 이토록 많은 사람들을 이롭게 할 수 있다는 사실이 놀라웠다. 그리고 나 또한 그렇게 선한 영향력을 미치는 존재가 되어야겠다고 결심했다.

이제 나도 나이가 들었다. 내 제자들에게, 내 후배들에게 진정한 사회복지의 정신과 가치를 전해줘야 할 책임을 짊어져야할 때가 되었다는 생각이 든다. 그리하여 〈사회복지 인물사〉를 기획하게 된 것이다. 내 힘이 닿는 데까지 배워야 할 사회복지 스승들을 연구하여 세상에 펼쳐내려고 한다. 그 첫 번째 책으로 《김덕준의 사회복지 사상과 사회복지 교육》을 펴내면서 동시에 두 번째 책인 《이윤구의 모두를 위해 모두가 함께 꾸는 꿈》을 세상에 내놓는다.

이 책의 집필을 맡아 준 이은영 원장에게 큰 감사를 드린다. 이은영 원장은 나와 같이 월드비전에서 이윤구 회장을 모셨다. 이화여대에서 사회복지를 전공으로 학부에서 박사까지 마쳤다. 결혼하며 월드비전을 떠나더니 고향으로 돌아가 사회복지법인 계명복지재단과 학교법인 강원명진학원을 남편과 함께 운영하며 사회복지실천가로 현장을 지키고 있다. 내게는 딸과 같이 아끼는 후배이자 동료이며 사회복지계의 보물이다. 지난번에도 이은영 원장이 《그래도 걸어라》의 이윤구 회장 편을 집필했기에 그로 하여금 이번 책의 원고도 부탁했는데 흔쾌히 수락해주어 고마움을 느낀다.

그리고 이 책의 발간을 뒷받침할 수 있게 해 주신 하나님께 감사드린다. 미래복지경영을 통해 참되고 전문적인 사회복지를 국내외에서 일궈나가는 일을 도울 수 있음에도 그저 고마울 따름이다. 만사가 감사다. 바라기는 이 책이 많은 예비 사회복지사들과 현직 사회복지사들, 원로 사회복지사들을 사회복지의 가치와 철학으로 묶어내어서 다시금 진정한 사회복지를 성찰하고 사회복지를 세상에 구현하는 계기가 되었으면 한다.

마지막으로, 이 책의 출판을 맡아준 코람데오 임병해 대표에게도 감사의 마음을 전한다. 그는 기독교인으로 미래복지경영의 든든한 후원자가 되어주고 있는 따뜻한 사람이다.

# 제일 낮은 곳에서 피어난 아름다운 꽃 한 송이

유 재 건

세계유네스코협회연맹 회장
변호사, 제15·16·17대 국회의원

기대하는 누군가와 처음 마주했던 순간들은 설렘으로 기억된다. 이 책을 읽는 독자들 역시 글을 통해 이윤구라는 한 인간을 만나는 순간이 설렘으로 기억되길 기대한다.

나는 대학에서 정치외교학을 공부했고, 미국으로 건너가서는 법학을 전공하여 인권 변호사가 되었다. 사회복지학을 전공하지는 않았지만 최성균 이사장과 오랜 시간 가까운 사이로 지내오면서 '준 사회복지전문가'가 되었다고 자부한다. 그 덕분에 초선 국회의원 시절 국회 복지포럼 회장을 지내면서 당시 한국사회복지사협회 회장이었던 최성균 이사장과 협업하며 사회복지와 관련된 활동들을 적극적으로 추진할 수 있었다.

이윤구 박사와 만나게 된 것 역시 최성균 이사장과의 인연 덕분이었다. 사회복지계에서 '마당발'로 유명한 최 이사장이 스승 겸 멘토로 모시는 분이라면서 이윤구 박사를 소개해 주었고 이후 특별한 관계로 지내왔다. 내가 미국에서 인권변호사로 일할 때 이윤구 박사는 UN에서 활동하는 국제적인 한국 청년이었다. 그는 한 마디로 열정의 사람이었으며, 평생 전 세계 구석구석을 다니며 이웃사랑을 몸소 실천했던 분이다.

최성균 이사장이 50년 이상 사회복지를 위해 헌신하는 모습을 보면서 참으로 대단하다는 생각을 한 적이 있다. 이윤구 박사를 만나면서 최 이사장의 저력이 어디에서 나오는지를 알 수 있었다. 옛 성현의 가르침에 청출어람(靑出於藍)이라는 말이 있는데, 이윤구 박사와 같은 분을 스승과 멘토로 모시고 있으니 최 이사장도 분명 스승이 앞서 걸어간 길을 좇아서 달려왔을 것이다.

제일 낮은 곳에서 피어난 아름다운 꽃 한 송이!

이윤구 박사를 떠올리니 꽃향기가 주위를 감싸는 것만 같다. 미래복지경영 사회복지 인물사의 두 번째 도서로 발간되는 《이윤구의 모두를 위해 모두가 함께 꾸는 꿈》의 출간을 축하하며, 이 책을 기획한 미래복지경영과 최성균 이사장, 그리고 뜻깊은 책의 원고를 집필해준 이은영 원장에게 감사를 전한다. 이 책을 통해 그 분의 뜻이 솔잎처럼 푸르게 남아 후세에 전해지길 기대한다.

# 그의 정열, 헌신, 사랑

김 신 일

전 교육부총리
서울대학교 교육학과 명예교수

전문가들이 함께 모여 일하는 세계에 본받고 싶고 배우고 싶은 앞서가는 인물이 있다는 것은 행운이다. 송엽 이윤구 박사는 그가 생전에 보여주고 실천한 정열, 헌신, 사랑으로 많은 사람을 감동시켰고 사회복지사의 사회적 역할을 확장시켰다. 그러므로 그가 많은 후배, 제자들의 롤모델로서 여전히 영향을 미치고 있는 것은 당연하다고 하겠다. 그는 많은 사람들의 마음속에 계속 살아 움직이고 있는 지도자다.

이윤구 박사는 한국이 아주 어렵고 가난했던 시절에 한국보다 더 열악하고 황폐한 나라들에 가서 인간 사랑을 실천한 국제사회복지사였다. "네 이웃을 네 자신 같이 사랑하라(마태복음 22:39)"는 예수의 말씀을 푯대 삼아 평생을 열정적으로 이웃사랑을 실천하고 세계평화를 위해 헌신한 소명의 사람이었다. 한국전쟁 후 고국이 어렵던 시절에 가장 가난한 지역을 찾아다니며 빈민 구제에 힘썼고, 유니세프 등 국제 구호단체에서 일할 때에도 전 세계 가장 소외되고 참혹하게 파괴된 지역들에서 인류애를 실천하며 국제사회복지사의 모범을 보여주었다.

그의 행적에서 빼놓을 수 없는 곳이 월드비전 한국인데 그곳에서 그는 한국을 원조 받는 나라에서 원조하는 나라로 바꾸어놓는 역사적인 과업을 이루어냈고, 대북 지원사업을 태동시키는 커다란 업적을 남기게 된다. 원조 받는 나라에서 원조하는 나라로의 전환은 월드비전 국제본부에서도 한국의 입지를 강화하는 계기가 되었다. 이 박사가 생애 마지막 시기에 최성균 이사장과 함께 만든 사단법인 미래복지경영이 이제 15주년을 맞는다. 그가 뿌린 씨앗들이 곳곳에서 열매 맺는 모습을 보니 감개무량하다. 그의 생애와 행적을 따라가다 보면 한국 사회복지의 성장과정이 생동감 있게 재현된다. 그런 의미에서 이 책은 한 사회복지 선구자에 대한 인물사인 동시에 한국 사회복지의 역사서이기도 하다.

책 내용은 이윤구 박사의 생애와 행적을 뼈대로 삼아 그의 사회복지 사상과 기독교적 가치관이 잘 정리되어 있다. 사회복지를 향한 그의 정열, 보다 나은 세상과 세계 평화를 위한 그의 헌신, 헐벗고 소외된 이웃에 대한 그의 사랑이 이 책 전체를 관통하고 있다.

저자인 이은영 원장은 이윤구 박사와 함께 근무했던 이력과 이미 이윤구 박사에 대한 글을 집필했던 경험을 바탕으로 가족 및 지인들로부터 전달 받은 풍부한 자료를 활용하여 흥미롭고도 교훈적인 책을 집필할 수 있었다. 이 책은 〈김덕준의 사회복지 사상과 사회복지 교육〉에 이어 최성균 이사장이 운영하는 '미래복지경영'이 기획한 〈사회복지 인물사〉 시리즈의 두 번째 책이다. 이 시리즈에 대한 기대도 크다.

# 사랑과 평화의 메신저

차 경 애

전 한국YWCA연합회 회장
전 YWCA복지사업단 이사장

평생을 가난하고, 헐벗고, 병든 이웃을 섬기며 살아온 이윤구 박사님의 헌신적인 삶을 책으로 발간하게 된 것을 진심으로 축하드린다.

이윤구 박사님은 유엔아동기금(UNICEF)을 비롯하여 해외에 기반을 둔 국제 NGO에서 활동한 후 고국에 돌아와서도 하나님의 부르심을 받기까지 제3세계를 위한 구호 활동을 계속해 왔다. 그중에서도 대표적인 것이 월드비전(전 선명회)에서의 활동이라고 할 수 있다. 이 박사님이 월드비전에서 회장으로 6년간(1991년-1996년) 재임하시면서 시작한 일은 40년 동안 우리나라가 받은 사랑의 빚을 갚는 일이었다. 즉 많은 나라로부터 '도움을 받는 나라에서 도움을 주는 나라'로 탈바꿈해 받은 사랑을 갚으며 나누는 일을 하셨다. 그러기 위해서 가장 필요한 것이 모금이었다. 이 박사님은 모금을 위해서 일요일에도 쉬지 않고 전국에 있는 교회를 찾아다니며 설교를 하셨다. 예수님께서 이 세상에 계실 때 가난하고 어려운 사람을 도우셨던 것처럼 예수님의 자녀인 기독교인들이 하나님의 사랑을 실천해야 한다고 하시며 눈물을 흘리며 설교하시던 모습이 눈에 선하다. 이러한 노력의 결과로 월드비전 모금의 많은 부분이 교회의 후원으로 이루어졌다.

2020년은 한국전쟁이 일어난 지 70년이 되는 해였다. 그러나 아직도 종전선언이 이루어지지 않고 있어 우리나라는 전쟁상태에 있는 것과 같다. 특히 분단된 남북의 관계가 대립과 갈등의 관계에서 화해의 관계로 바뀌어야 한다.

이 일은 아무나 할 수 있는 일이 아니었는데도 불구하고 이 박사는 일찍이 1994년부터 북한에 쌀을 지원하는 사업을 시작했다. 그 당시 북한은 10여 년 넘게 계속된 흉년 때문에 식량 사정이 최악이었다고 한다.

이 박사는 북한을 돕기 위해 기도하면서 양곡 10만 가마니를 북한에 보내기로 작정했는데, 몇 가지 어려운 우여곡절을 겪으면서도 월드비전 국제본부가 미국 정부의 승인을 받아 북한 쌀 지원사업을 시작할 수 있었다고 한다.

이런 일을 할 수 있었던 것은 이 박사가 평소에 예수님을 닮기 원했던 신실한 기독교인이었기 때문에 가능했다고 할 수 있다.

이 박사는 대한적십자사 총재 시절 적십자 사업이 크게 나라 안의 일, 남북관계의 일, 국제적인 일로 구분된다고 보았고 이 세 가지는 결국 하나로 이어진다는 생각을 하게 되었다. 따라서 이산가족 상봉도 확대시켜 나가야 하고 빈민 구호나 봉사활동 역시 더욱 체계적으로 이루어져야 한다고 보았다.

특히 남북관계의 전환과 민족화해 없이 국제적인 일을 한다는 것은 있을 수 없는 일이라고도 말씀하셨고 전 세계의 평화 특히 민족의 화해와 통일을 염원하셨다.

신학자이면서 사회복지를 직접 현장에서 실천한 사회복지사이기도 했던 이 박사님의 삶이 이 책을 통해 많은 후배들에게 큰 감동을 주는 계기가 되기를 간절히 바란다.

# 이윤구 박사님을 기리며

김 성 이

전 보건복지부 장관
사회복지법인 자광재단 이사장

> "그들이 서로 말하되
> 길에서 우리에게 말씀하시고
> 우리에게 성경을 풀어 주실 때에
> 우리 속에서 마음이 뜨겁지 아니하더냐 하고"
> - 누가복음 24장 32절 -

선생님은 눈물이 많은 분이었다.

선생님은 늘 말씀하시다 우셨고, 기도하시면서도 우시는 분이었다.
부족한 나는 처음에는 선생님의 눈물에 감동하였으나, 시시때때로 우시
는 모습을 보고는 선생님은 감정이 풍부하셔서 눈물이 많으시구나 하며
덤덤히 여기게 되었다. 그러나 이제 나이가 들어 이윤구 선생님의 눈물
을 회상하면 절로 고개를 숙이게 된다. 나이가 들어야 철이 든다는 말이
헛말이 아니다. 얼마나 세상을 사랑하였으면 그토록 눈물을 흘리셨는지
이제야 깨닫게 된다. 어린 마음에 선생님의 깊은 마음을 헤아리지 못한
것이 후회가 된다.

선생님은 항상 예수 닮기에 힘쓰던 사람이었다.

아프리카에 가셔서 가난한 이들과 함께 벽돌을 찍고 우물을 파시면서도 울며 기도하셨다. 예수님도 피눈물을 흘리며 기도하셨는데 고아, 과부, 나그네보다 더 딱한 인생을 보고 왜 눈물이 나오지 않았겠는가? 선생님은 소탈하셔서 가난한 사람이나 부자를 가리지 않고 많은 사람과 대화하셨던 분이었다. 누구와도 대화하였고, 어느 사람이라도 다 만나주고, 거절하지 못하시는 분이었다.

선생님은 열정을 가진 크리스천이었다.

늘 기도하는 사람이었고 현장에 뛰어들어서 문제 해결을 하셨다. 빈곤이 있는 곳에는 어디든 가셨고, 특히 어려운 아동을 보면 더 눈물을 흘리는 분이었다. 대한적십자사 총재로 북한에 가셨을 때, 용천 철도 폭파사고로 많은 사람들의 고통과 신음을 보시고 안타까워하시며 힘껏 도와주지 못해 너무도 많은 눈물을 흘리셨던 모습이 기억난다. 퇴직금을 모두 북한돕기사업에 보내면서도 더 돕기를 원하셨던 분이다.

우리는 몇 번이나 어려운 자들을 위하여 눈물을 흘렸는가?

선생님이 흘리신 눈물을 엮어 그 눈물의 이야기를 이은영 원장이 글로 쓰고, 최성균 회장이 책으로 발간하였으니 그 큰 수고가 우리에게 감동으로 다가온다.

우리 모두는 이 책을 통하여 '마음이 뜨거운' 사회복지사가 될 줄로 믿는다.

# 하늘을 우러르며 사람을 사랑한 사람

김 만 두

전 강남대학교 사회복지대학원장
전 한국사회복지교육협의회 회장

이윤구 박사는 강남대학교(전 중앙신학교)의 건립 이념인 경천애인(敬天愛人)을 몸소 실천한 자랑스러운 동문이다. 비록 지금 우리 곁에는 없지만 인류평화를 위한 그의 숭고한 정신은 솔잎처럼 푸르게 언제까지나 남아 있을 것이다.

그와 나는 같은 시기에 대학을 함께 다니며 같은 수업을 듣던 친구이지만 졸업 후 우리의 진로는 사뭇 달랐다. 내가 일본에서 유학 후 한국으로 돌아와 국내에서 주로 활동했던 반면, 그는 해외에 기반을 두고 활동했다. 우리의 대학시절을 회고해보니 그는 영어에 능통하고 어려운 이웃을 찾아다니며 도우려 애썼던 모습으로 기억된다. 이윤구 박사는 강남대 졸업 후 미국으로 건너가 공부하면서 국제적인 무대에서 활동하기 시작했다. 기독교세계봉사회, 중동기독교연합회 아랍 피난민 구호사업부 등을 거치며 전쟁으로 피폐된 나라들에서 원조전문가로 일하다가 영국으로 건너가 박사학위를 받은 후 국제사회복지사로서 유엔 무대에서 활약했다. 지금이야 한국의 많은 젊은이들이 유엔과 같은 국제무대에서 활동하고 있지만 당시에는 이윤구 박사가 거의 유일한 한국계 직원이었다. 한국인 가운데 유엔의 고위 관료가 된 것은 그가 최초일 것이다.

　이후 해외에서의 활동을 접고 국내로 돌아온 이윤구 박사는 한신대학교 교수, 한국청소년연구원 초대 원장, 월드비전 회장 등을 역임하였고, 한국사회복지사협회 11대와 12대 회장을 지내기도 했다. 한 사람이 실로 수많은 곳에서 참으로 다양한 업적을 남긴 셈이다. 그의 행적은 여기서 그치지 않고 인제대학교 총장, 대한적십자사 총재 등 굵직한 직무를 맡으며 자신이 처한 곳에서 이웃사랑과 세계평화의 꿈을 실현하기 위해 최선을 다한 삶을 살아냈다.

　이웃의 행복을 위한 삶, 더 나은 세상을 만들어가는 삶이 그의 평생 소명이었다. 그는 온 마음과 힘을 다해 하늘을 우러르며 사람을 사랑하는 삶을 실천했다. 이제는 하늘나라에 가고 없지만 그가 살아생전 꾸었던 꿈과 남기고간 뜻은 후세와 후학들의 마음에 남아 앞길을 비춰주는 등불이 될 것임을 믿는다.

　미래복지경영에서 《이윤구의 모두를 위해 모두가 함께 꾸는 꿈》을 발간하게 됨을 축하하며, 책을 기획하고 펴내느라 수고한 미래복지경영과 최성균 이사장에게 감사의 마음을 전한다. 이와 더불어 이윤구 박사에 대한 자료를 잘 정리하고 집필해준 이은영 원장과 책의 출판을 맡아준 코람데오 임병해 대표에게도 감사드린다. 부디 이 뜻깊은 책이 후학들에게 널리 읽혀 이윤구 박사의 뒤를 좇아가는 많은 후학들이 나타나길 바란다.

# 한국 최초의 국제사회복지사

노 상 학

전 강남대학교 대학원장
강남대학교 명예교수

한 인간의 업적과 공로를 기리는 행사에 참여하는 것은 그 영광의 가치를 나누는 것이다. 이윤구의 공적을 기리며 그의 사상과 실천의 궤적을 발췌 출간하여 많은 후학들에게 큰 도움을 주는 기회가 마련됨은 늦은 감이 있으나 기쁘게 환영하며 감사를 드린다.

이윤구 박사는 일찍이 사회복지현장에서의 실천이 가지는 중요성을 결코 간과하지 않는 열성적인 사회복지실천가였다. 그는 또한 천부의 기질을 타고난 이웃사랑의 이론과 실천 양면을 모두 갖춘 국제적인 선교사였다. 동시에 영국에서 배워온 사회복지 이론과 자신의 활동으로부터 얻은 풍부한 실천 경험을 바탕으로 국내외에서 왕성한 활동을 펼쳤던 이론과 실천을 겸비한 교수이기도 했다. 그는 Church World Service Korea, UN Relief India 등의 국제 구호단체에서 한국 최초의 국제사회복지사로 활약했으며, 대한적십자사 총재 및 인제대학교 총장 등을 역임하였다. 사회복지에 대한 그의 학식과 현장경험은 후학들뿐만 아니라 일반시민들 모두에게 귀감이 된다.

그의 대학시절 외국어 실력 특히 영어 원문 이해능력은 학생들 중에서 단연 독보적이었다. 탁월한 어휘능력은 그때 이미 UN 국제공무원으로서의 앞날을 짐작케 해주는 것이었다. 당시 김덕준 교수께서 강의하셨던 지역사회조직론 과목의 원서강독 시간은 그의 독무대였다.

내가 KNCC 해외 의료선교봉사단 총무로 방글라데시 데카에서 봉사활동을 하고 있을 때 반갑게도 당시 인도 델리에서 근무하고 있던 이윤구 박사의 방문을 받게 되었다. 이 박사는 고국에서 멀리 떨어진 타국에서 열성적으로 빈민구호 및 지역사회개발에 매진하고 있었는데 친구인 내가 그 이웃나라인 방글라데시에 와있다는 소식을 듣고는 어려운 여정에도 불구하고 위로 방문을 해주고 선물까지 남겨주는 정이 많은 친구였다. 인간 이윤구는 그의 헌신적인 사랑과 봉사, 그리고 평화의 사도로 우리의 기억에 오래 남아있을 것이다.

모든 사람에게 귀감이 될 이윤구 박사의 삶을 정리하여《이윤구의 모두를 위해 모두가 함께 꾸는 꿈》을 출간한 미래복지경영 최성균 이사장, 원고를 집필해준 이은영 원장, 출판을 맡아준 임병해 대표에게 감사드린다.

# 차
# 례

제1부

# 강원도 산골 소년,
# 세계를 품다

제1장 〈유년시절〉

# 장래희망은 '외교관', 별명은 '미국간다'

# 간현계곡의 암하노불

백설(白雪)이 ㅈ자진 골에 구룸이 머흐레라
반가온 매화(梅花)는 어늬 곳에 퓌엿는고
석양(夕陽)에 호을노 셔셔 갈 곳 몰라 ㅎ노라

흰 눈이 녹은 골짜기에 구름이 많이 끼었구나
반가운 매화는 어느 곳에 피었는가
석양에 홀로 서서 갈 곳 몰라 하노라

고(故) 송엽(松葉) 이윤구 박사는 기울어가는 국운을 안타까워한 고려의 마지막 충신 거유(巨儒) 이색(李穡) 선생의 20대 직계손으로 1929년 11월 5일 강원도 원주에서 태어났다. 그는 어려서부터 책읽기를 좋아하고 글쓰기를 즐기는 문학 소년이었다. 대학시절 은사인 정대위 학장이 한참이나 나이 어린 제자 윤구에 대해 '참 선비'라 평할 정도였다. 아마도 선조를 닮아 문필에 밝은 모습을 가졌을 뿐 아니라 자신의 삶을 스스로 개척해나가는 진취성까지 겸비했다는 의미였을 것이다.

"그는 깨끗하고 올곧은 인품을 가졌을 뿐 아니라 언행이 일치하는 참으로 고결한 사람입니다. 더구나 그에게서는 선비들에게서 흔히 볼 수 있는 옹졸함이란 전혀 그 그림자도 찾아볼 수 없습니다. 활달하고 시원한 삶이 그의 것이고 성격

또한 아침 햇살과 같이 밝고 명쾌합니다. 오늘 같은 세태에도 이 박사 같은 참선비가 남아있다는 것은 마음 든든한 일입니다(한국신학대학 정대위 학장의 글, 뉴욕에서 조국을 생각한다)."

그의 고향은 원주 하고도 지정면 간현계곡. 지금은 소금산 출렁다리가 놓여 이 산에서 저쪽 산으로 몇분 만에 갈 수 있고 많은 사람들이 오가는 유명관광지가 되었지만 당시 그곳은 '첩첩산중', 태백산맥 영봉들이 흘러내려와 치악산 자락에서 머물던 깊고 깊은 산골 마을이었다.

"치악과 섬강의 수려한 고장을 고향으로 가진 제게는 형언하기 힘든 애향의 정이 마음 깊은 곳에 자리하고 있습니다. 백여 개 나라를 이십 년 동안 돌아다녀 보았어도 우리 태백산맥에 우뚝우뚝 솟아 하늘 높은 줄 모르는 영봉들이 내 혼을 지켜주고 봉천내의 조용한 여울물 소리가 내 마음을 순화해주었기 때문에 미천하고 우둔한 이 사람이 민간외교의 무대에서 20여 년이나 활동할 수 있었다고 생각합니다. 그래서 나이를 먹고 철이 들면서는 고향과 고향의 산과 물 그리고 선조의 묘소들이 점점 더 고개를 숙이고 존경하며 사랑하게 됩니다. 흰머리가 생기고 인생의 석양을 바라보게 되면서는 더욱 더 그러합니다(원주농고 50주년 기념문집)."

그는 스스로를 '암하노불(巖下老佛)'이라 불렀다. 암하노불은 바위 아래 늙은 부처라는 뜻으로 조선을 개국한 정도전이 조선팔도 백성들의 성품을 이성계에게 답한 것에서 유래했다고 전해진다. 평안도는 산 속의 사나운 호랑이라는 뜻의 산림맹호(山林猛虎), 함경도는 진흙탕에서 싸우는 개라는 말인 니전투구(泥田鬪狗), 황해도는 봄 물결에 던져진 돌이라는 뜻의 춘파투석(春波投石), 경기도는 거울 속에 비친 아름다운 여인이란 뜻인 경중미인(鏡中美人), 충청도는 맑은 바람과 밝은 달빛이란 뜻의 청풍명월(淸風明月), 전라도는 바람 앞의 가는 버드나무라는 뜻의 풍전세류(風前細柳), 경상도는 소나무와 대나무 같이 대의를 지키는 절개라는 뜻의 송죽대절(松竹大節), 마지막으로 강원도는 바위 밑의 늙은 부처란 뜻의 암하노불(巖下老佛)이었다. 이러한 평가는 지리적, 역사적 특성에서 기인한 것으로 보이는데 강원도를 암하노불이라고 한 것은 큰 일을 벌이지 않는 소박하고 착한 산골의 인심을 빗댄 말로, 부처와 같이 평온하고 관용을 베풀 줄 아는 성품을 표현한 것으로 이해된다(두산백과사전).

"간현계곡의 촌사람인 '암하노불'이 6·25의 소용돌이 속에서 시련을 겪고 그 다음에 국제기구에 몸을 담게 된 것은 한편 우연의 소치라고 생각되고… 암하노불, 감자바위로는 잘 맞지 않는 듯한 느낌도 더러 있었지만 부처 같은 성실, 감자바위 같은 굳건한 마음가짐이 오히려 어려운 책임을 잘 감당하게 해주지 않았나 생각합니다(원주농고 50주년 기념문집)."

비가 오면 동네 안팎의 모든 길이 온통 진흙투성이로 변하던 산골마을, 팍팍한 형편으로 늘 배가 고픈 시절이었지만 정지뜰 넓은 벌판과 소나무가 우거진 숲속을 놀이터 삼아 하루 종일 맨발로 뛰어다녀도 행복했던 시절, 시골 소년 윤구는 더 큰 세상으로 나가 생명을 구하는 큰 꿈을 키워나갔다.

# 요셉 같은 사람

"남들이 볼 때는 유엔에서 국장을 지냈고, 대학교수, 월드비전 회장, 대한적십자사 총재까지 지냈으니 대단히 성공적이고 편안한 생활을 했을 거라고 오해들을 하는데, 윤구의 인생 자체가 굉장히 고통스럽고 고난의 연속이었어. 심성 자체가 아주 순수하고 감정이입이 강한 사람이라 전 세계 어려운 나라들을 다니면서 일하는 동안 건강도 많이 상했고 특히 마음이 많이 상했지. 내가 예수를 나중에 믿었는데 성경을 쭉 읽으면서 묵상해보니 윤구는 성경에 나오는 요셉과 아주 닮았더라구(조남진 장로의 말)."

초등학교에서 소년 윤구를 만나 평생 친구가 된 조남진 장로(전 강원일보사 사장, 전 월드비전 강원지부장)는 가장 아끼고 사랑하는 친우를 한마디로 "요셉 같은 사람"이라고 했다. 요셉. 구약성경의 인물 가운데 가장 파란만장한 삶을 산 주인공과 어떤 점이 닮은 것일까? 조 장로는 초등학교 2학년, 문막면 면장을 지내신 부친이 갑작스레 돌아가신 후 원주초교로 전학을 온 소년 윤구를 처음 만났다. 일제의 수탈이 한창이던 때인데다 할머니의 품에서 자라고 있었으니 그 생활이 오죽했을까?

시골에서 갓 이사 왔으니 기가 죽을 법도 한데 소년 윤구는 친구들에게 와서 이상한 이야기를 하더란다. "나는 아나운서가 될거야."
또 어떤 날은, "나는 외교관이 될거야."

고향 친구들과 함께

　명색이 읍내 중심지에서 살아온 조장로였는데 시골 꼬마가 하는 얘기를 알아들을 수가 없더란다. 아나운서는 뭐고 외교관은 또 뭐란 말인가! 소박하게 땅을 일궈 농사짓는 일이 당연히 장래의 모습으로 여겨지던 동네에서 말이다. 무슨 책을 읽고 어디서 무슨 얘기를 듣고 다녔는지 그는 늘 또래 친구들이 알 수 없는 꿈과 계획을 말하고 다녔다. 초등학교를 졸업할 무렵이 되자, 소년 윤구는 학업에서 두각을 나타내기 시작했다. 이윤구는 전교 2등, 조남진은 전교 4등. 두 사람은 엎치락 뒤치락 친구이자 경쟁자로 서로를 밀어주고 끌어주면서 우정을 키워나갔다.

　소년 윤구는 진심으로 남을 미워하지 않는 아이였다. 심지어 자신을 공격해온 친구를 원망조차 하지 않은 친구였다. 학교를 같이 다녔지만 조 장로가 한 살이 위였는데, 어린 마음에 잘난 척하는 친구가 얄미워서 한번은 흠씬 두들겨 패준 적이 있었다. 다음날 '너 어디 두고 보자' 할 줄 알았는데 윤구는 전혀 그런 기색이 없더란다. 몇 년이 지난 다음에야 할머니로부터 "우리 윤구랑 친하게 지내다오." 한마디 들었을 뿐이었다. 속상한 마음을 할머니께만 말씀드린 모양이었다. 그 후에도 여러 번 투닥투닥 다투기도 했지만 한번도 누굴 원망하는 걸 보거나 들은 기억이 없다. 아주 어려서부터 늘 남을 칭찬했지 남을 헐뜯거나 비난하는 일을 절대 하지 않았다.

"월드비전 회장으로 있을 때 내가 강원지부장을 맡아서 함께 일을 많이 벌였지. 윤구가 교회를 다니면서 눈물로 설교를 하고 다녔어. 그런데 들려오는 소리가 '가짜 눈물을 흘린다', '너무 감정적이다' 이런 소리가 들리더라구. 윤구는 그게 진심이야. 60, 70년대 중동 땅이 어떤 상황이었겠어. 그 전쟁터에서 자기 목숨을 내놓고 난민들을 돕는 일을 한 사람인데 그 눈물이 어떻게 거짓일 수 있겠어. 나는 그 진심을 알지. 그 눈물이 뭔지 내가 잘 알지(조남진 장로의 말)."

아버지를 일찍 여읜 소년 윤구에게 친구 남진은 아마도 친구 이상의 든든한 버팀목이었을 것이다. 그래서인지 그는 인생에서 중요한 결정을 해야 할 때 항상 조 장로를 찾아 조언을 구하곤 했다.

"전쟁 중에 부산에 피난 가서 힘들 때, 중동으로 처음 떠날 때, 유엔에서 제안이 왔을 때, 정치권에서 여러 제안이 있을 때도, 결혼을 해서 가정을 꾸릴 때,

아이들 교육문제며, 월드비전 회장으로 남들이 하지 않은 어려운 길을 가려고 할 때도 가장 먼저 나를 찾아왔지. 함께 기도하고 묵상하면서 나도 진심으로 친구가 옳은 결정을 내릴 수 있게 조언을 했고 또 윤구도 그걸 믿고 따라주었지(조남진 장로의 말)."

 그는 요셉처럼 꿈이 많은 사람임에 틀림이 없는 것 같다. 그리고 그 꿈을 꿈으로만 두지 않고 생각하는 것을 말로 선포하는 사람이었다. 장래희망은 '외교관', 별명은 '미국간다'였던 소년 윤구. 요셉과 차이가 있다면 정치권의 러브콜과 입각의 기회가 여러 번 있었음에도 끝내 민간 외교관, 국제사회복지사로 남은 것이라고 할 수 있을까.

하와이에 있는 이윤구의 묘비

# 외교관의 꿈 '미국간다'

어린 시절 친구들은 그가 나타나기만 하면,

"야! 저기 미국간다 온다. 미국간다!" 라며 놀려대곤 했다.

뒤를 졸졸 쫓아다니며 "미국간다" "미국간다" 놀려도 그의 반응은 늘 한결같았다.

"응! 맞아! 난 미국에 공부하러 가서 외교관이 될거야!"

말끝마다 "미국간다"고 해서 '미국간다'가 별명이 되었다.

"맨날 흙바닥에 뒹굴고 밭에서 무 뽑아먹고 다니던 시절인데, 시골 아이들이 뭘 알았겠어. 윤구는 서울에 친척들이 있어서 가끔 다녀오곤 했는데 갔다올 때마다 꿈이 바뀌는거야. 어느 날은 아나운서가 되겠다고 하고 어느 날은 외교관이 되겠다고 하고, 미국이라는 큰 나라가 있는데 자기는 거기 가서 공부를 하고 큰 인물이 되겠다는 거야. 그렇게 친구들에게 항상 새로운 얘길 해줬어. '미국간다'라고 별명을 붙여서 놀리긴 했지만 그 때 그 얘길 들은 친구들에게도 일종의 주문이 된 것 같아. 다들 큰 인물들이 됐지(조남진 장로의 말)."

말이 씨가 된다고 했던가! 꿈을 꾸고 그 꿈을 선포하고 그것을 현실로 만든 요셉처럼 훗날 그는 미국에 가서 공부를 했을 뿐 아니라 영국 맨체스터대학에서 박사학위를 받고 유엔의 고위관리로 민간외교에 헌신했으며 고국으로 돌아와 우리 사회의 큰 지도자로 남았다.

초등학교를 우수한 성적으로 졸업했으나 어려운 집안 형편에 상급학교 진학은 먼 이야기가 될 판이었다. 도저히 학비를 마련할 길이 없던 소년 윤구는 학비부담이 적은 철도(운수)학교에 진학하기로 결심한다. '미국간다'고 외치던 그였는데 어느 순간부터 "나는 돈이 없어서 철도학교 간다. 철도학교 간다." 노래를 부르고 다녔다. 어느 날 친구들이 원주농업중학교 시험을 보러간다기에 따라나섰다가 덜컥 전교 2등으로 합격을 하고 말았다.

당시 원주초교 교장이셨던 조 장로의 부친은 우수한 인재를 그냥 둘 수 없다고 판단, 어떻게든 공부를 할 방법을 찾아주기로 결심하셨다고 한다. 이윤구의 6촌 형님이 되는 분 중에 형편이 넉넉한 분이 계셨는데 교장 선생님께서 직접 찾아가 여러 차례 도움을 호소하셨다고 한다. "2등으로 합격을 했는데 보내야 될 것 아닙니까! 좀 도와주십시오."라고 말이다. 교장 선생님의 간곡한 설득으로 6촌 형님 장학금을 받아 중학교 입학이 가능해졌다. 당시는 중학교가 6년 과정으로 현재의 중고교를 합친 것과 같은 체계였는데 주변의 도움으로 어렵게 원주농업중학교에 입학하게 된 것이었다. 그렇게 3년을 학비 걱정 없이 맘껏 공부할 수 있었다.

안타깝게도 중학교 4학년이 되자 6촌 형님의 형편이 어려워져 더 이상 학비지원을 받을 수 없는 상황이 되었다. 그는 그 때의 절망적인 심정을 구구절절 편지에 담아 미국에 계신 송동수 선생에게 보냈다. 송 선생은 중학교 1학년 시절 원주농중에서 영어를 가르쳤는데 미국으로 이

이윤구 가족과 조남진 가족

민을 간 후로도 두 사람은 종종 안부편지를 주고받은 모양이었다.

"선생님! 제가 더 이상 학교를 다닐 수 없게 되었습니다."

편지를 받은 선생님으로부터 바로 연락이 왔다. 미국교회와 연결하여 학비를 후원해줄테니 학업을 계속하라는 소식이었다. 미국 선교단체와 결연이 되어 선교사를 통해 학비를 받게 되었는데 이후 송 선생을 통해 원주에서 선교활동을 하던 미국인 선교사 미스 레어드를 소개받게 되었다.

레어드 선교사는 학비를 지원해주는 대신 영어공부를 할 것을 주문했다. 영어숙제를 내주고 내용을 전부 암기해오라고 했다. 암기가 제대로 되어있지 않거나 숙제를 건너뛰는 날에는 무서운 벌칙을 주었다. 학비를 끊겠다는 엄포와 함께 말이다. 레어드 선교사를 만나고 오는 날이면 윤구는 친구 남진에게 '자기 돈 주는 것도 아닌데 왜 저리 까다롭게 구는지 모르겠다' 며 불평을 했다. 이 때의 영어공부가 새로운 세계로 향하는 열쇠가 될 것이라고 상상도 못하고서 말이다.

"한국동란이 우리를 학업에서 군부대로 졸지에 몰아넣어 버리고 그 변변치도 않은 영어 때문에 유엔군 통역을 새파란 고교생으로서는 힘겨웁게 하게 되었습니다. 어떻게 해냈는지 지금 생각하면 웃음만 납니다만 에스더 레어드(Esther Laird) 선생의 회화를 비롯하여 몇몇 감리교 선교사들과의 접촉이 없었던들 상상하기 힘든 일이었습니다. 전쟁 직후엔 신학공부를 하면서 '리더스 다이제스트' 등을 번역하며 고학을 했고 곧 이어서 전후 구제사업기관이던 기독교세계봉사회에서 일을 하게 되었는데 이것도 따지고 보면 원주 때의 외국어 공부의 연장이었습니다(원주농고 50주년 기념문집)."

갑작스럽게 6·25 전쟁이 터지고 미처 피난갈 여유도 없이 인민군이 들이닥쳤다. 며칠을 숨어다닌 끝에 인민군으로 끌려가는 것은 면할 수 있었다. 얼마가 지나자 미군이 들어왔다. 레어드 선교사로부터 혹독한 영어 훈련을 받은 윤구는 미군과 동네주민들 사이에서 자연스레 통역을 맡게 되었다. 미군들과 접촉이 늘어나고 여기저기 불려다니며 통역을 하던 중 이를 계기로 유엔군 통역병으로 입대를 하게 된다. 이게 다 레어드 선교사 덕분이었다.

# Boys, Be Ambitious!

성장하면서 어떤 사람과 어떻게 만나는가에 따라 인간의 인생이 결정된다. 좋은 나무가 좋은 열매를 맺고 나쁜 나무가 나쁜 열매를 맺는 것처럼 좋은 선생님, 좋은 친구들과 만나 훌륭하게 자라 사회를 위해 유용한 지도자가 되는가 하면 나쁜 친구들과 사귀어 인생을 파멸의 길로 몰고 가는 사람들도 적지 않다. 만남은 소중하다. "우리 만남은 우연이 아니야. 그것은 우리의 바램이었어." 노랫말 가사처럼 결국 우리는 의식 중에든 무의식 속에서든 나의 바램대로 만남을 갖게 되고 그 만남을 좋은 만남으로 만드는 힘 역시 나의 삶을 아름답게 만들고자 하는 의지와 노력에 달려있다.

해방 직후인 1946년 그는 원주농업중학교에 입학했다. 농업학교라고 하였지만 인문학교가 없던 시절 원주지역에 문학, 법학, 정치, 미술, 음악 등 각양각색의 지망생들이 모여든 거의 유일한 학교였다. 농업실습도 하면서 각자 자기 분야에서 꿈을 키우기 위해 소년들이 몰려들었다. 입학 후 첫 국어시간, 소년 윤구는 운명과도 같은 만남을 마주하게 된다. 바로 정태시 선생님!

연배가 조금 있어보이는 선생님 한 분이 들어오셔서 흑판에다 적으셨다.

'Boys, Be Ambitious!' '소년들이여 큰 꿈을 가지라'고 역설하셨다. 식민지배를 겨우 벗어난 1946년이었으니 우리 민족의 삶이 과연 어떠했겠는가. 입에 풀칠하기도 어려웠던 가난하고 무지했던 그 시절, 큰 꿈을 가지라니……

'Boys, be Ambitious!' 이 말은 삿포로농학교(현 홋카이도대학)에서 최초의 외국인 교감을 지낸 미국인 윌리엄 클라크가 1877년 4월 학생들과 작별하면서 남긴 말로 전해지고 있다. 그는 19세기 말 세계적인 식물학자이며 농학자였다.

"선생님을 둘러싸고 헤어지기 아쉬워하는 제자들의 얼굴을 한 사람 한 사람 바라보며 '아무쪼록 엽서 한 장이라도 좋으니 때때로 소식을 부탁하네. 항상 기도하는 것을 잊지 말도록. 그럼 헤어지세. 건강하게들 지내게."라고 말씀하시면서 학생들과 일일이 악수를 나누고는 말등에 올라타셨다. 선생님은 'Boys, Be Ambitious like this old man'이라고 외치면서 채찍으로 말의 배를 후려치고는 눈으로 질퍽해진 진흙을 박차고 숲 사이로 사라져 갔다(위키백과)."

당시 홋카이도로 이주한 이들 대부분은 보신전쟁에서 패한 동북지역의 무사집안이나 죄수들이어서 홋카이도의 황무지를 개간하여 농사를 짓고 있었으나 이들 가운데는 제대로 공부하지 않고 밤늦게까지 술을 마셔대는 이들도 있었다. 클라크는 자신도 상당한 애주가였음에도 학생들의 음주습관을 고치기 위해 스스로 술을 끊었다고 한다. 당시 일본은 면학 분위기 조성과 교내질서 확립을 위해 엄격한 규율이나 학칙을 제정할 것을 권하는 분위기였으나 클라크는 규율과 단속으로는 진정한 인간을 만들 수 없다면서 '신사가 되라(Be Gentleman)'는 한마디 구호로 학칙을 대신했다고 전해진다.

"Boys, be ambitious! Be ambitious not for money or for selfish aggrandizement, not for that evanescent thing which men call fame. Be ambitious for the attainment of all that a man ought to be."

"소년이여, 야망을 가져라! 돈이나 이기심을 위해서도, 사람들이 명성이라 부르는 덧없는 것을 위해서도 말고. 단지 사람이 갖추어야 할 모든 것을 추구하는 야망을."

중학교 1학년 소년 윤구는 정태시 선생을 통해 당시 유명 사상가, 독립운동가, 문학가들의 글을 접하게 된다. 특히 일제강점기 '성서조선'을 발간했던 함석헌 선생, 철원 출신 소설가 이태준 선생의 글은 소년 윤구에게 엄청난 영향을 끼쳤다. 특히 이태준의 소설은 너무나 재미가 있었다. 그의 소설은 일제강점기 민족의 과거와 현실의 고통을 간결하면서도 호소력 있는 문장으로 큰 감동을 주는 명문이었다. 우리나라의 현대문장, 우리글의 아름다움을 극대화한 민족운동가의 글 한줄 한줄이 가슴에 와 박혔다. 밤새 뜬 눈으로 책을 읽어도 하나도 피곤하지 않았다. 우리 민족의 현실을 생각하니 가슴 한켠이 아파오고 눈물이 흘렀다. 우리 글로 책을 읽고 글을 쓸 수 있다는 것만으로도 얼마나 감사한지 책이 나달나달 해지도록 읽고 또 읽었다.

정태시 선생과 고교동창들

"선생님은 항상 하늘을 보고 걸으셨지. 우리보고도 기죽지 말아라. 당당하게 하늘을 쳐다보고 걸어라. 하셨지. 처음에는 그 뜻을 잘 몰랐지만 시간이 흐르고 나이가 들어서야 그 뜻이 깨달아지고 나의 가슴 속에 무엇인가 새겨지는 것 같은 묵직함이 느껴졌지(조남진 장로의 말)."

정태시 선생은 국어수업을 통해 우리말과 우리글이 얼마나 아름다운지, 그것을 잃고 살았던 식민지배 기간이 얼마나 비극이었는지, 민족운동을 이끌었던 기독교 지도자들의 삶이 어떠했는지 알려주었다. 당시 우리 민족의 처지는 너무나 보잘 것 없었지만, 가난한 시골 소년들이었지만, 선생은 큰 꿈을 가지되 돈과 이기심, 덧없는 명성을 위해서가 아니라 인간으로서 당연히 갖추어야 할 꿈, 공동체를 유익하게 하고 나아가 우리 민족을 유익하게 하는 꿈을 꾸라고 가르쳐주었다.

# 첫 번째 전쟁, 새 생명을 얻다

"1차, 2차 세계대전으로 엄청난 인명과 재산 손실을 겪은 다음 곧이어 일어났던 냉전의 첫 싸움터는 우리 한반도였다. 그 비극을 몸소 겪은 사람들은 지금도 전쟁이 얼마나 무섭고 슬프고 비인간적인가를 알고 있다. 6·25가 끝난 다음 살아남은 이 땅의 국민들이 겪어야했던 고난과 역경은 땀과 눈물 바로 그것이었다. 굶주림과 헐벗음, 질병과 무지가 이 겨레의 장래를 암담케 했다(역경의 열매)."

유엔군 통역병으로 참전한 이윤구는 1952년 12월 유엔군 제4공병단에서 복무하고 있었다. 그가 속한 제79대대 A중대는 양평으로부터 가평, 가평에서 춘천으로 북진하면서 철도와 국도를 보수하는 일을 하는 건설공병부대였다. 직접 전투일선의 임무를 맡지는 않았지만 북한강물 위를 떠내려가고 있는 군인들의 시체를 보는 일, 계곡에서 시체들이 썩어가는 악취를 피하려 코를 막는 일은 일상이 되었다.

강원도 깊은 산속, 그중에서도 양구와 인제 그리고 관대리 쪽으로 이어지는 험준한 길이 있었는데 그 좁고 꼬불꼬불한 국도를 고치면서 군용차량의 왕래를 돕는 임무가 주어졌다. 미군 하사관 싱거 씨와 함께 지프를 타고 작업현장을 순찰하던 날이었다. 고갯길을 한참 오르고 있을 때 갑자기 반대편에서 내려오던 트럭과 충돌할 위기에 직면했다. 가파른 산과 좁은 흙길, 살짝 얼어붙은 눈바닥, 이러다 죽는가 싶었다. 운전 중이던 이윤구는 거의 무의식 중에 핸들을 꺾었다. 아슬아슬하게 트럭과 부딪히는 일을 피했지만 그들이 타고 있던 지프는 길 오른쪽 수백척 낭떠러지로 순식간에 떨어져버렸다. 얼마나 지났을까 정신이 들어 눈을 떠보니 깊은 계곡 아래였다.

'아! 살았구나!'

다행히도 지프가 칡덩굴이 방석처럼 얽혀있는 곳에 사뿐히 내려앉은 덕분에 목숨을 부지할 수 있었다. 사고를 목격한 사람들이 두 사람 모두 죽었을 것이라고 체념한 순간, 해질 무렵 계곡을 기어오르는 두 병사의 모습을 상상해보라. 눈을 치우고 있던 노무자들이 무슨 유령을 본 것 마냥 놀란 것은 당연했다. 겨우 계곡을 기어올라와 길가에 누워 구급차를 기다리던 중 깜박 잠이 들고 말았다. 기절을 했다고 하는 게 더 맞을지도 모르겠다.

'이제부터 네 삶은 네 것이 아니니라!'

꿈을 꾼 것일까. 주변의 모든 소리가 소거된 채 아주 고요하게 그러나 분명하게 영혼의 음성이 들려왔다. 전쟁의 깊은 고통과 절망 속에서 그것도 죽음의 문턱에서 만난 것은 신의 목소리임에 틀림 없었다.

"며칠 동안 야전병원 침대에 누워 가벼운 타박상을 치료했지만 크게 다친 데도 없이 그 죽음의 계곡에서 환생한 나는 그 후 오늘에 이르기까지 내 생명이

나의 것이 아니고 더욱이 한번 죽은 내가 덤으로 인생을 살고 있다는 확신 속에서 하루하루를 감사하며 감격 속에서 지내오고 있다. 그 후 휴전이 되기 전 부산으로 내려가서 신학생이 되었으며 죽음의 계곡에서 헐벗고 굶주리고 병들고 불쌍한 이웃을 돌아보려는 마음가짐으로 빈민굴로, 화전민촌으로, 전쟁을 겪고 있는 팔레스타인 사람들에게로, 가난한 인도로 인생 순례를 해왔다(역경의 열매)."

　전쟁이 길어지자 대학 공부를 위해 부산으로 내려가 스웨덴병원에서 청소부 일을 시작했다. 성실한 청년이 영어도 잘한다며 얼마 안 가 병원에서는 한국인 책임자로 일을 맡겼다. 병원 일이 생활비를 버는 데는 큰 도움이 됐지만 육체적으로 힘이 들어 공부할 시간과 체력이 부족함을 느꼈다. 공부에 더 집중할 수 있는 방법을 찾다가 고아원에서 일을 하게 된다. 고향을 떠나, 가족과 떨어져 홀로 일하며 공부해야 했던 시절, 그때의 상념을 친구에게 보내는 편지에 다음과 같이 담았다.

부산 피난시절 친구 조남진에게 보낸 편지

"먹는 문제, 책값, 학비, 옷값! 이런 더러운 물질에 하고 싶은 일, 가고 싶은 곳을 못 하고, 못 가는 자신이 뼈저리게 안타깝기만 하네.

2년에 가까운 타지의 삶 속에서 목석이 아니매 왜 고향이 아니 그리우랴 만…… 무엇을 들고 무슨 면목으로 누구를 바라고 고향 땅에 발을 딛는단 말인가?

더욱 근래는 수십 명의 고아가 동생이 되고 보니 새벽 4:30부터 밤 12시가 넘도록 거의 꼬박 서있고 다니는 삶의 주인이 되었네.

육신과 영이 아울러 날로 약해지는 자신을 느껴마지 않지만 그렇다고 숨이 끊이기 전에 패전의 깃대를 들고 운명 앞에 나설 마음도 또한 없네!

편지 쓸 시간조차 찾기 힘든 고아원이니 방학 중 귀향의 시간을 갖을 수 있을지 거의 불가능한 듯 하네. 힘껏 애써는 보겠네."

그의 글에는 전쟁과 가난의 고단함, 고향에 대한 그리움이 가득 묻어난다. 대학 공부라곤 하지만 피난 중 임시로 만든 학교에서 홀로 고학하며 학비와 생활비 해결을 위해 일을 해야 했던 그 심정이 어떠했을지 상상하기도 쉽지 않다. 눈물 많기로 소문난 그였으니 그 시절 홀로 흘린 눈물은 또 얼마나 많았을까? 그러나 스무 살의 수많은 밤을 그리움과 외로움에 몸부림치면서 그는 더 강해지고 더 단단해졌을 것이다.

"6·25전쟁은 나에게 큰 시련을 안겨주었지만 지금 돌이켜 생각하면 신앙생활이나 영혼의 순례를 위해서 세상을 다 주고도 못 얻을 체험도 얻게 해주었다. 자동차 사고로 죽음 앞에 서보는 체험, 굶주리고 병들었지만 의사의 도움을 못 받고 하늘나라로 가신 어머니의 무덤 앞에서 했던 불쌍한 이웃들을 돕는 일에 일생을 바치겠다는 결심, 전쟁 때 얻은 소중한 경험이었다(역경의 열매)."

# 봉사는 생명존중의 표현

'나 이제 생명 있음은 주님의 은사요'
'우리는 사나 죽으나 주의 것이라'

평소 습관처럼 불렀던 찬송이 구구절절 가슴에 와 박혔다. 그가 경험한 첫 번째 전쟁, 6·25는 하나님의 존재를 확인하게 했다. 삶이란 무엇이고 무엇을 위해 살아야 하는지 더 알고 싶어졌다. 부산에서 시작한 신학공부를 서울로 올라와 계속하고 있을 때 우연한 기회에 중앙신학교 (현 강남대학교) 김덕준 교수가 주관하는 세틀먼트(Settlement)운동에 참여하게 되었다. 우리말로 인보회나 보린회 정도로 번역되던 이 운동은 산업혁명 후 영국의 옥스퍼드 대학생들이 가난한 런던 빈민굴로 들어가서 어려운 이웃과 같이 살면서 가르치고, 고쳐주고, 바로 살게 해주는 활동에서 유래된 사회사업의 실천방법이다. 이 활동으로 직접적인 사업사업 실천에 눈을 뜬 그는 한신대학교 신학과를 중퇴하고 중앙신학교 사회사업학과에 편입하게 된다.

"지금 생각하면 그 어려웠던 시절 난 참으로 값진 체험을 했다. 그 때 함께 일한 신학, 의학, 사회복지학 분야의 젊은 친구들에 대한 고마움은 말로 표현하기 어려울 만큼 크다(역경의 열매)."

평생 친우인 조남진 장로(전 강원일보사 사장)와 함께

당시는 전쟁의 끔찍한 기억이 아직 가시지 않았을 때이기도 하지만
이북에서 피난 나온 더욱 가난한 사람들이 모여 사는 공동체, 아현동 산
7번지의 주민들의 고통은 이루 말할 수 없었다. 이곳은 일제시대부터
빈민과 걸인들의 임시거처로 알려진 곳이자 범죄의 소굴이었다. 식민지
시절 총독부에 의해 간이주택이 지어졌는데 서울 안에서 범죄사건이 일
어나면 형사들은 당연히 이곳으로 먼저 와 용의자를 찾곤 했다. 밤에는
취객들이 길 한복판에서 큰 소리로 고함을 치거나 이곳저곳에서 싸움이
벌어져 편히 잠들기 어려운 동네였다. 그곳에서 무슨 일을 어떻게 해야
하나 고민이 많았다.

"겨울이면 난방도 없이 찬바람이 마구 들어오는 교회의 작은 방에서 떨면서

새우잠을 자고 그곳의 많은 사람들처럼 먹을 것이 없이 끼니를 거르는 일이 혼하게 있었지만 나는 산7번지에서의 생활로 평생 잊을 수 없는 귀중한 열매를 얻었다(역경의 열매)."

그곳에서 이윤구는 야간학교를 운영해 학교에 가지 못하고 떠돌던 아이들을 가르쳤다. 부녀자들을 대상으로 부업을 개발해 약간의 수입을 얻게도 하고 주택을 지어서 생활환경을 안정시키는 일을 했다. 탁아시설도 운영하며 어린 아이들에게 따뜻한 음식을 제공하기도 했다. 미국 교회들이 보내온 후원금 덕분에 맨발로 찬 땅을 밟고 다니던 사람들에게 신발을 나누어주고, 구제물자를 얻어다가 헐벗은 아이들에게 입혀줄 때의 즐거움은 청년 이윤구의 가슴을 뛰게 했다.

'가난한 자 같으나 많은 사람을 부요하게 하고 아무 것도 없는 자 같으나 모든 것을 가진 자로다(고후 6:10)'

그는 자신이 빈민을 돕는 일을 한 것을 자랑하고 싶지 않다고 했다. 오히려 가난한 이웃에게서 얼마나 많은 사랑과 교훈을 얻었는지, 자신이 한 일에 비해 너무도 풍성하게 받은 것을 늘 감사하고 있다고 회고했다.

"삶이 힘들게 되는 이유는 무엇보다 나와 내 가족을 위해 계속 무엇을 취득하고 그것들을 소유키 위해 집을 만들고 도둑을 막기 위해 문을 굳게 잠그고 하는데서 찾을 수 있다. 진정한 삶이란 하루하루를 괭이를 들고 삽을 메고 들로 나가 일을 하되 나와 내 가족보다는 남과 남의 일을 위해 땀과 눈물을 흘리며 충실하게 일하는 데 있다는 진리를 우리는 흔히 잊고 살게 된다. 모르고 살기 때문에 사는 것이 피곤하고 근심 걱정에 싸인다(역경의 열매)."

대학 시절 기독교사회사업학생연합회의 임원으로 방학마다 근로봉사활동을 했던 경험, 고아원 집을 짓기도 하고 밭을 새로 일구기도 하고 좁은 길을 넓히기도 하면서 세계 여러 나라에서 모인 청년 학생들과 땀을 흘리고 난 뒤, 꿀맛같은 밥을 나누고 밤늦도록 토론하고 노래 부르던 기억은 훗날 국제사회복지사로서 살아가는 데 소중한 밑거름이자 동력이 되었다.

"복음이 예수께서 하신 말씀을 우리 입으로 옮겨서 남에게 듣게 하는 데서 끝난다고 생각하면 큰 잘못이다. 복된 소식은 아픈 사람을 고쳐주고 굶주린 사람들에게 먹을 것을 주고 추워 떠는 이들에게 옷과 담요를 나눠주는 구체적인 행동임을 예수는 누구보다 더 확실하게 가르치고 몸소 그렇게 사셨다. 섬기기 위해 오신 분이 우리가 믿는 그리스도이시기 때문에 우리의 믿는 삶이 세상을 섬기는 일, 이웃을 사랑하는 행동, 남의 일을 바로 내 일처럼 생각하는 마음가짐이어야 한다는 것이다(역경의 열매)."

하나님을 사랑하고 예수의 삶을 본받아 살겠다는 기독교인이라면 기꺼이 가난한 자들과 가진 것을 나누고, 모두가 함께 행복한 공동체를 만드는 행동에 직접 나서야 한다는 그의 철학도 이때의 경험에서 우러나온 것이리라.

# 참스승과의 만남

지금은 지구촌이라는 말이 흔한 말이 되었고, 실시간으로 지구 반대편 사람들과 대화를 나누는 시절이 되었다. 작은 지구촌에서 세계인이 가족처럼 살게 된 것이다. 우리의 것이 세계로 나가고 세계는 우리 땅으로 오갈 뿐 아니라, 전 세계가 우리 문화를 소비하며 함께 살아가고 있다. 이윤구는 반 세기 전 이미 이런 시절을 예상한 것 같다. 우리가 세계의 중심이 되려면, '우리의 뿌리가 깊어야 한다'고 생각했다. 우뚝 높이 서려면 우리 됨의 뿌리, 믿음이 깊게 뻗어내려 있어야 한다는 것이다. 특히 신앙의 뿌리가 흔들려서는 안된다고 늘 기도하며 스스로를 채찍질 해온 그였다. 전쟁 중 깊은 신앙체험을 하고 이후 가난한 이웃들과 공동체적 삶을 고민하던 젊은 시절, 그에게 영향을 준 신앙의 스승 두 분을 소개한다. 바로 이호빈 목사와 함석헌 선생이다.

그는 대학 재학시절 이호빈 목사를 교수와 학생으로 만나 평생의 은사로 삼았다. 이 목사는 1892년 평안남도 강동에서 태어나 3·1운동을 겪으면서 민족의 독립에 투신할 것을 다짐했다. 이후 협성신학교를 나와 감리교 목사가 된 후 민족교회를 지향하며 기독교 토착화 작업에 매진했다. 일본 제국주의에 맞서 신사참배를 거부하고 끝까지 창씨개명을 거부하였다. 해방 후 교파 없는 신학교, 평신도를 가르치는 신학교, 외세의 도움을 받지 않는 자주 자립적인 신학교를 만드는 것을 목표로

1945년 70여 명의 학생들을 모아 '중앙신학원(현 강남대학교)'을 개원했다. 중앙신학교는 1948년 신학교로는 처음으로 대학령에 의해 4년제 정규대학으로 문교부 설립인가를 받았다. 1966년 재단 이사장에 취임하여 이후 신학 전공, 사회사업 전공, 교회음악 전공, 기독교문학 전공 등으로 학과를 세분화하는 등 근대적인 대학교육 체계를 완성한 인물로 평가받는다(한국민족문화대백과사전).

이윤구는 여러 글에서 스승에 대한 감사의 마음을 언급한 바 있는데 함석헌 선생에 대한 애정과 존경심은 매우 각별하였다. 그가 함석헌 선생의 사상을 처음 접한 것은 중학교 시절 은사인 정태시 선생의 영향을 받아 읽게 된 '성서조선'이라는 잡지를 통해서다. 성서조선은 김교신, 함석헌 등 무교회주의 운동가들이 1927년 창간한 개신교 동인지로서 일제의 탄압에 의해 1942년 폐간되기 전까지 민족운동으로서의 신학, 민중의 각성을 촉구하는 선각자들의 글이 다수 게재되었다. 1920년대 오산학교 재학 중 안창호, 이승훈, 조만식 등 민족주의사상의 영향을 받았고 이후 '씨알사상'이라는 이름으로 씨알(민중)을 역사의 주체로 본 민중사관과 고난사관을 정리하여 우리민족의 역사를 재해석하였다. 함석헌 선생은 일제강점기 시절 성서조선에 기고한 글 때문에, 해방 후에는 이승만 정부의 독재에 저항하다 군사독재 시절에는 민주화운동으로 옥고를 치렀다(한국민족문화대백과사전).

이윤구는 두 분의 참스승을 만난 덕분에, 생명존중과 비폭력 평화주의 사상에 눈떴고, 기독교 정신 위에 힌두교, 유교, 노장철학 등 학문 간

젊은 시절 탐독했던 스승 함석헌 선생의 책

의 융화를 배웠다고 했다. 그가 후일 북한돕기사업을 처음 추진하던 때, 6대 범 종단의 협력을 중요시한 것 도 이같은 철학과 가르침의 영향이었을 것이다. 스승들 의 실천과 가르침은 예수의 부활신앙과 더불어 그의 영 혼 속에 깊이 자리잡아 그 의 모든 생활과 실천 속에 길잡이가 되어주었다.

미국에서 유학을 마치고 돌아온 1961년 봄, 기독교세계봉사회에서 일 하며 신학교에서 얼마간 강의를 하며 지내던 터였다. 믿음의 스승 두 분 이 향로봉 남쪽의 깊은 산속 화전민들과 같이 지내고 계시다는 소식을 들었다. 인천여중에서 영어교사로 일하던 아내 차신애 여사, 세 살난 어 린 아들 신일, 그리고 조모인 이용정 장로와 함께 그 길로 고성군 간성 면 흘리 산속으로 향했다. 도착한 곳은 자그마한 화전민 마을, 그곳에서 천막을 치고 그들과 함께 살기 시작했다. 낮에는 어린 아이들을 모아 글 을 가르치고 저녁엔 어른들을 모아서 세상 돌아가는 이야기며 올바른 삶에 대해 깊은 토론을 나누었다. 주일이면 함께 모여 예배를 드렸다. 그는 훗날 흘리에서 화전민들과 함께 했던 이 때를 '가장 아름답고 만족 스런 삶'이었다고 회상했다. 힘겹고 뼈아픈 일들이 없지 않았으나 그만 큰 기쁨과 보람도 컸기 때문일 것이다.

화전민들은 가난했지만 가난 자체가 비극이 아니었다. 희망을 잃고 술과 도박에 빠져 바르게 살기를 포기해버리는 것이 진짜 비극이었다. 화전민들 속에 섞여 들어 어떻게든 그들에게 복음을 전하고 삶의 희망을 주기 위해 이호빈 목사와 함석헌 선생이 몇몇 가까운 사람들과 그곳에서 애쓰고 계셨다.

겨울이면 어찌나 눈이 많이 오던지 하얀 눈밭에서 허우적 거리던 멧돼지를 잡으러 이리 뛰고 저리 뛰어다녔다. 길도 없는 산속을 연로하신 할머니와 어린 아들을 지게에 업고 들어가며 후회 아닌 후회를 했던 그날의 기억, 산 속에서 토담집을 지으려다 지붕이 무너져 그간의 노력이 물거품이 되었던 허탈함, 겨울철 땔감이라도 뗄 요량으로 큰 나무를 잘랐다가 경찰서에 연행되어 아내와 하루 종일 조사를 받고 겨우 풀려난 일, 밥을 지을 때마다 장작 연기 때문에 눈물이 마를 날 없었던 아내에 대한 미안함, 술 취한 사람이 밤중에 찾아와 주정을 부리는 통에 곤혹스러웠던 날……. 그러나 아이들에게 배움을 선물하는 것이 가장 기쁜 일이라던 천상 교사인 아내의 위로와 조금씩 변화되어가는 화전민들을 바라보고 지도하던 보람은 그 어떤 어려움도 추억이 되게 만들어주었다.

"나는 나의 몸, 마음, 영혼 모두가 나를 있게 하신 창조주의 땀과 눈물과 피의 열매라고 생각한다. 그리고 가깝게는 내 강퍅하고 자갈밭 같은 혼의 깊은 계곡에 역경을 딛고 일어서서 승리한 믿음의 씨앗을 심어주고 길러주신 신앙의 사부(師父)들을 숭앙하고 감사하면서 남은 삶을 역경을 이기는 알찬 행함으로 후세에 전승해주는 일에 내어놓고 싶다(역경의 열매).”

사상가로서 신앙인으로서 이 스승들은 믿음으로 사신 분들, 신앙을 행동으로 보이신 어른들이며 마지막 순간까지 믿음대로 살다가 간 거목들이시다. 그 또한 '주의 성령이 내게 임하셨으니 이는 가난한 자에게 복음으로 전하게 하시려고 내게 기름을 부으시고 나를 보내사 포로된 자에게 자유를 눈먼 자에게 다시 보게 함을 전파하여 눌린 자를 자유케 하고 주의 은혜의 해를 전파하게 하려 하심이라(눅 4:18)'는 가르침을 따르기로 했다. 험한 세상과 우리 이웃의 마음밭에 스스로를 내어던져 심기우는 일에 남아있는 시간과 정열을 쏟으며 살겠다고 다짐했다.

# 어머니와의 약속

이윤구는 스스로의 삶을 '고난의 연속'이었다고 회상하곤 했다. 그 중에서도 어린 시절 가족에 대한 기억은 아픔으로 남아 있다. 부친 이영규와 모친 박복순 사이에 2남 4녀 중 차남으로 태어난 그는 위로는 형과 세 명의 누이, 아래로 여동생이 있었지만 가족과 오순도순 얼굴을 맞대고 살았던 기억이 별로 없다.

면장을 지낸 아버지는 기억도 할 수 없이 까마득한 어린 시절 세상을 떠나셨다. 어느 시인이 말하기를 '젊은 모습의 아버지 대신 나이드신 모습의 아버지 영정을 걸 수 있는 것만으로도 행복이라는 것을 조실부(早失父)하지 않은 사람은 모를 것'이라 했는데, 그는 젊은 모습의 아버지 사진조차 갖지 못했다. 그나마 남아 있던 사진마저 전쟁통에 모두 불타 버렸기 때문이다.

갑작스런 남편의 죽음은 여섯 자녀를 홀로 키워야 하는 어머니에게 청천병력과도 같은 일이었을 것이다. 집안 살림은 모두 어머니의 몫으로 남겨졌을 터였다. 팍팍한 살림살이에 어머니는 소년 윤구를 큰아버지댁에 양자로 보내기에 이른다. 초등학교에 입학할 무렵 어린 여동생 효숙과 함께 원주로 이사와 할머니 품에서 자라게 된 것이 바로 이런 사연 때문이었다. 그 시절의 어머니를 바라보며 그는 "삶의 역경으로 말하자면 빼놓을 수 없는 분"이라고 느꼈다.

"고생만 죽도록 하시다가 6·25때 피난길에서 얻은 병으로 몸져 누우셨다가 의사의 도움을 조금도 못받은 채 하늘로 가셨다. 모처럼 얻은 휴가로 고향을 찾았던 나를 어머니는 이미 땅에 묻히신 채 맞아주셨다(역경의 열매)."

평생을 꿈에 그리던 어머니였는데 임종도 지키지 못한 채 어렵게 어머니 묘를 찾아 그는 목놓아 울었다. 그리고 마음 속으로 두 가지를 약속했다. 하나는 평생을 어머니처럼 굶주리고 전쟁에 시달리면서도 의사의 도움도 받지 못한 채 신음하는 이웃을 위해 살겠다는 것, 다른 하나는 아직 어린 여동생을 어머니를 대신해 잘 돌보아 키우겠다는 결심이었다.

어머니와의 첫 번째 약속은 이후 이윤구의 삶에 커다란 나침반이 되어 지구촌 굶주리고 소외된 이웃을 돌보는 국제사회복지사로서의 삶을 사는 데 방향을 제시해주었다. 어려운 일을 만날 때마다, 그 일을 그만두고 싶은 마음이 들 때마다 그는 어머니와의 약속을 생각하며 힘든 나날을 극복할 수 있었다고 했다. 그러나 두 번째 약속은 끝까지 지키지 못했다.

그는 동생 효숙이 간호사가 되도록 힘써 도왔다. 1959년 6월 5일은 그가 극진히도 사랑한 하나뿐인 여동생이 연세대학교 간호학과를 졸업하고 간호사가 된 날이다. 그는 이날이 자신의 생애에서 가장 흐뭇하고 기쁜 날이었다고 회상했다. 간호사가 된 동생 효숙은 원주기독병원 등에서 일하다 결혼해 행복한 가정을 꾸렸다. 오빠에게 늘 자랑이 되고 기쁨을 주었던 천사같은 동생이었다. 그러나 그가 유엔본부에서 일하던 80년대 초반, 동생의 암 투병 소식이 들려왔다. 이내 남편과 두 아들을 남겨놓은 채 그렇게 세상을 떠났다. 그 상한 마음이 채 치유되기도 전에 이번엔 처제가 그의 곁을 떠나고 말았다. 효숙보다 몇 해 앞서 연세대학교 간호학과를 졸업한 둘째 처제 차인애 역시 서울아동구호병원에서 일하다 미국으로 건너가 간호사로 헌신적인 삶을 살던 중 암선고를 받고 생을 마감했다.

"두 동생은 오빠와 언니 되는 우리 내외에게 착하고 어질고 신앙으로 불타는 삶을 보여주고 가기 위해 세상에 왔다가 우리보다 더 수고하고 무거운 짐을 지고 땀과 눈물을 흘리다가 먼저 갔다고 나는 믿는다. 값있는 인생, 뜻있는 삶이란 역경의 시련이 없이는 존재하지 않는다는 깊은 교훈을 나는 동생과 처제의 아름다운, 그러나 슬픈 삶을 통해 얻었다……. 인생이 참으로 짧고 허무하고 무상한 것 같지만 나는 내 영혼 깊은 곳에 존재하고 있는 생명의 근원이 되시는 여호와 하나님이 좌정하고 계심을 부인하지 못한다. 한 걸음씩 앞서간 여동생과 처제의 믿음의 가시밭길을 따라가는 일에 오늘도 또 내일도 충실해 볼 뿐이다 (역경의 열매)."

두 동생의 죽음은 그에게 적지 않은 고통을 안겨주었다. 그러나 그는 미완으로 남은 어머니와의 두 번째 약속 역시 지구촌 이웃을 위해 헌신하는 삶을 통해 갚아 나가기로 다짐했다. 생명을 이웃에게 나누어줌으로써 두 동생의 혼이 자신의 삶 속에 살아있다는 증거를 보이고 싶었다.

# 평생의 동반자, 차신애 여사

"27년이 지난 지금도 그날 그 학교 교실 앞에서 들은 아들의 울음소리를 똑똑하게 기억하고 있다. 제 나라도 아닌 이역만리에서 제 말과 글도 아닌 외국어로 외국인들에 섞여 공부를 시작해야 했던 철부지 아들의 절규가 지금도 아비의 가슴을 아프게 한다. 독생자를 이 험한 세상으로 보내신 여호와 하나님의 심경을 조금은 알 것 같은 경험이었다(역경의 열매)."

수많은 사람들 앞에서 설교를 하고, 수많은 칼럼을 남겼지만, 유독 가족에 대한 단상은 많이 남아있지 않다. 그의 첫 파송지인 중동에서 있었던 아들에 대한 한토막 일화 정도가 그의 글 속에 남아있다.

예루살렘에 도착한지 얼마 되지 않았을 때 아들을 성밖 아말타라는 곳에 있는 학교에 보내기로 마음먹었다. 그는 이른 아침 아들 신일을 차에 태우고 달리기 시작했다. 한국에서 예루살렘까지 그 먼 비행과 여정을 잘 견뎌준 6살 아들이었는데 유독 그날은 심하게 투정을 부렸다. 차 안에서도 실랑이는 계속 됐다. 학교에 안가겠다고, 엄마와 떨어지지 않겠다고 투정을 부렸다. 달래고 달래 봤지만 소용이 없었다. 학교 앞에 도착해서도 차에서 내리지 않겠다고 버텼다.

친절한 선생님 한 분이 나와 세 가족을 맞이했지만 아들은 엄마아빠 손을 놓지 않으려 울며 몸부림 쳤고 곧이어 차 안은 눈물바다가 되었다. 부모가 하고자 하는 일을 어린 아들에게 이해해 달라고 할 수도 없고, 이국 땅에 적응을 해야만 하는 어린 아들의 부담과 두려움을 모른 체할 수도 없는 노릇이었다. 그는 이날의 아픈 기억이, 어린 시절의 고통과 역경이 오히려 아들의 내면을 단단하게 단련시킨 밑바탕이 될 것이라 믿었다. 그렇게 되기를 바랄 수밖에 없었다. 나와 내 가족의 안위보다, 더 고통받고 있을 팔레스타인 사람들을 생각하면서, 자신을 이곳에 보내신 신의 뜻을 생각하면서, 마시기 싫은 쓴 잔을 기꺼이 마셨다.

그는 평생동안 지구촌을 가족이라 여기며, 세계 시민이 모두 행복한 세상을 만들기 위해 힘써왔다. 그 일에 변함없이 매진할 수 있었던 것은 부인 차신애 여사의 숨은 내조가 있었기 때문이다. 아니, 그 길을 함께 걸어간 동역자 차신애가 있었기에 가능한 일이었다.

차신애 여사의 부친은 독립운동가이신 차경창 목사다. 차목사는 덕적도 김포초등학교 교사로 일하던 시절 3.1운동을 주도하여 8개월간 옥고를 치른다. 이 때 교도소 안에서 전도를 받아 깊은 신앙체험을 하고, 출소 후 평양신학교에 진학하여 목사가 되었다. 당시 감리교는 교단에서 목사를 임지로 파견하였는데 원주제일감리교회로 파송된 아버지를 따라 온 가족이 원주로 이사를 하게 된다. 원주여중에 재학 중이던 소녀 신애와 원주농중에 재학 중이던 소년 윤구의 첫 만남이 그렇게 이루어진다.

하와이에서 가족들과 함께

소년 시절 교회 친구로 만난 두 사람은 이후 70여 년의 시간 동안 연인으로, 가족으로, 동료이자 동역자로, 삶의 긴긴 여정을 함께 해왔다. 전쟁이 끝날 무렵 수포교감리교회로 부임한 아버지를 따라 서울로 온 차 여사는 연세대학교 영문과에 진학한다. 차 목사가 지인을 만난다고 집을 나간 후 납치되어 생사를 알 수 없게 된 것도 그 즈음이었다. 이때부터 이윤구는 차 여사 가족들을 살뜰이 챙겼다고 한다.

"아버지는 소식을 모르고 오빠들은 군대에 가있는데다 여동생들은 어리니까 형부가 아버지 역할, 아들 역할, 오빠 역할을 톡톡히 했지. 참 자상하고 따뜻한 형부였어. 어느날은 예배드리러 가자 하면서 동생들을 데리고 나와. 따라 가보면 극장이야. 놀러가자고 하면 다른 동생들한테 미안하기도 하고 어머니께 허락받기도 그러니까 예배드리자고 한거지. 같이 영화도 보고 종로 구경도 하고, 형부랑 외출하는 게 그렇게 재밌을 수가 없었어(처제 차경애의 말, YWCA복지사업단 이사장)."

차 여사의 어머니 역시 협성신학교를 졸업한 교역자셨는데 아버지를 대신해 여러 교회를 세우고 후원하는 일을 계속하셨다고 한다. 특히 감리교선교사 체핀 부인과 함께 납북되거나 행방불명된 교역자 가족을 돕는 일을 하였다. 선교활동으로 바쁜 어머니를 대신해 장녀인 차 여사는 수표교 앞에서 찹쌀떡을 팔면서 어린 동생들을 돌보았다.

"오히려 형부는 자상하고 동생들에게 격이 없이 친근하게 대해준 기억이 많은데 언니는 맏이로 일찍부터 철이 들어서 그런지, 나하고 나이 차이도 있고 해서 인지, 언니가 엄마 역할을 해서 그런지 평생 힘들다는 말을 하는 걸 들어본 적이 없어. 말 수가 적기도 했지만 워낙 묵묵히 자기 일을 하는 성품이라서 그랬던 것 같아."

젊은 시절 해외로 나간 언니를 자주 살갑게 만날 수 없어서 그저 잘 있겠거니, 편안히 잘 지내려니 생각했었다고 한다. 그런데 해외출장 길에 카이로에 들를 기회가 생겨 며칠 언니 집에서 지낼 기회가 있었는데 차 이사장은 그때 언니의 새로운 모습을 보았다고 했다.

"형부와 언니가 유니세프 이집트 책임자로 있을 때 집에 가보고는 깜짝 놀랐어. 당시에 한국인으로 국제기구 일을 하는 사람은 거의 없던 시절이기도 하고

하와이에서 차신애 여사와 가족들을 만난 최성균 회장

해외에 한국 사람 자체가 거의 없던 시절이라 한국에서 손님이 오거나 방문객이 오면 언니가 한국 음식을 다 직접 만들어서 손님을 접대하기 위해 모든 준비를 하고 있더라구. 형부는 직함을 가지고 자기 일을 한 것이지만 언니는 형부를 내조하면서 자기 역할을 톡톡히 하고 있는 걸 봤어. 힘들다는 말을 하지 않으니 동생인 나도 잘 몰랐는데 그때 언니가 참 대단하다는 생각을 했지."

어린 두 자녀를 키우며, 남편을 도와 민간외교관으로서의 역할을 함께 해온 그녀였다. 그녀는 평생 남편이 하는 일을 마음으로 돕고 함께 기도하며 동역해왔으나 딱 한번 불만을 토로한 적이 있다고 한다. 자신과 의논하지 않고 월드비전 퇴직금을 북한돕기사업에 기부했을 때이다. 그 소식을 처음 들은 차 여사는 '퇴직금은 와이프 것 아닌가요?' 했다는데 그러나 그걸로 끝이었다. 그가 북한사업을 어떻게 시작했는지, 북녘 동포를 향한 마음이 어떤 것인지 누구보다 깊이 알고 있었기 때문이다. 차 여사의 내조가 없었다면, 기도로 동역해온 역사가 없다면 그 긴 세월 동안 변함없이 흔들리지 않고 한 길을 가기란 불가능했을 것이다.

주위 사람들은 이윤구를 건강하고 에너지가 넘치는 사람으로 기억한다. 일 자체를 워낙 즐기기도 했고 젊은 시절부터 세계를 내 집처럼 드나들며 국내 출장 가듯 세계를 여행해온 사람이었기 때문이다. 그의 마지막 일터인 한동대학교에서 석좌교수로 재직하던 시절, 이미 팔순을 넘긴 나이임에도 일주일에 한 번씩 서울과 포항을 오가며 젊은 후학들에게 마지막 교훈을 남기고자 노력했다. 방학 때면 딸이 살고 있는 하와이로 가 가족들과 휴가를 보내고 돌아오곤 했다. 2013년 여름에도 변함없이 하와이를 찾았으나 다시는 돌아올 수 없는 몸이 되었다.

남편의 갑작스런 죽음에 차 여사가 받은 충격은 이만저만이 아니었다. 딸 집에서 15분 거리에 있는 묘소를 거의 매일 찾아가 눈물을 흘렸다고 한다. 그렇게 꼬박 삼년상을 치렀다고 한다.

이윤구는 차신애 여사와의 사이에 1남 1녀를 두었다. 아들 이신일(미국 거주, 변호사)은 자부 이진경과의 사이에 대원, 지원 두 자녀를 두고 있으며, 딸 이윤희(미국 거주, 사회사업가)는 사위 존 풀부라이트와의 사이에 리원, 태원 두 자녀를 두고 있다. 차 여사는 현재 미국 하와이에서 딸과 함께 거주하고 있다.

제2장 〈해외봉사, 유엔공무원 시절〉

# 나는 지구촌 순례자

# 한복을 입고 세계 속으로

처음엔 우연히 일어난 하나의 사건으로 알았는데, 한참을 지나 뒤돌아보면 사건과 사건이 긴밀히 연결된 것을 실감할 때가 있다. 인간의 굳은 의지가 우연을 가장해 필연을 만들어내기 때문일 것이다. 그가 국제기구의 민간외교 무대로 나가게 된 것은 우연한 사건에서 시작된 필연이자 운명이었다.

60년대 초반 짧은 미국 유학을 마치고 돌아와 한국기독교세계봉사회에서 일하고 있을 때였다. 신학과 사회사업을 공부한 그는 봉사회의 총무로서 미국교회연합회의 구제기관사업을 추진하고 있었는데 1963년 어느날 홍콩에서 열리는 기독교세계협의회(World Council of Churches) 회의에 참여할 기회가 생겼다. 당시는 외국 여행이 쉽지도 않을뿐더러 그의 나이 아직 젊을 때여서 다소 흥분하여 엉뚱하게도 웅변조로 발언을 했는데 이날의 사건이 그를 20년 동안 지구촌 순례자의 길로 이끄는 계기가 되었다.

"20세기의 십자가를 구라파와 북미의 백인교회에만 지우기에는 너무도 무겁습니다. 황인종과 흑인종도 함께 이 골고다의 행렬에 서야 하고 고통스런 십자가를 나누어지지 않으면 안됩니다."

국민훈장 무궁화장 수상 후 가족들과 함께
(왼쪽부터 동서 이준환 장로, 세 번째 장모, 네 번째 이윤구 박사, 다섯 번째 차신애 여사)

　아시아 변방, 그것도 식민지배에 이어 동족 간의 전쟁을 치른 자그마한 나라 한국, 그곳에서 온 한 청년의 외침이 그러했으니 미국과 유럽 중심의 질서에 익숙한 세계 기독교계의 입장에서는 충격이 아닐 수 없었다. 몇 주가 지나 미국에 위치한 기독교세계봉사회 본부로부터 전보가 한 장 날아들었다. 중동기독교협의회의 아랍피난민사업부 책임을 맡아 일해보겠냐는 제안이었다. 이로써 그는 한국교회가 파송하고 미국교회가 재정을 지원하며 세계교회가 임명하여 중동기독교협의회에 가서 일하게 되었다.

1965년 10월 1일, 하얀 두루마기에 고무신을 신은 이윤구와 그 가족들이 김포공항에 나타났다. 당시로서는 일종의 해외파견 근무가 흔치 않은 일이어서 그의 출국 모습이 일간신문에 사진과 함께 크게 기사화되었다. 미국 뉴욕에 있는 세계기독교봉사회 본부와 스위스 제네바의 세계기독교협의회에 들러서 취임 협의를 마치고 곧바로 예루살렘 임지로 향했다.

"한복차림으로 예수의 농장으로 머슴살이 하려 고국을 떠나는 내 마음 속에는 6·25 때 우리 겨레와 특히 교회가 타국으로부터 받은 사랑을 조금이라도 갚을 수 있으면 좋겠다는 품앗이의 느낌이 강하게 자리잡고 있다. 그 나그네 길이 예루살렘에서 시작해 레바논, 애굽, 인도, 방글라데시로 20년이 걸리는 고난과 역경, 그러나 기도와 찬송, 한없는 감사와 감격의 순례로 계속돼 1985년에야 끝나게 될 줄 안 사람은 나를 포함해서 아무도 없었다(역경의 열매)."

예루살렘으로 떠나는 송별 모임에서 함석헌 선생은 "이윤구는 하나님의 도구로, 하나님의 발길에 차여서 중동지역으로 간다. 나는 이윤구에게 성경을 가르쳤지만, 사랑의 실천은 윤구에게 배웠다."고 격려하며 그를 배웅했다고 전해진다.

국내외 봉사활동 다닐 때
쓰던 모자

지구촌 순례길을 마치고 한국으로
돌아와 차신애 여사와 함께

"인생은 참으로 예측하기 힘든 우여곡절의 연속이어서 언제 무슨 일을 당할
지 모른다. 기쁘고 순탄하고 영화롭고 행복한 일만 있다면 얼마나 좋을까 하는
사람이 많다. 그러나 삶이 참으로 값지고 귀한 까닭은 기쁨과 슬픔, 순탄한 지
경과 거친 역경, 영화로운 일과 부끄러운 일, 행복한 날과 불행한 날이 맞물려
돌아가는 데 있는 것 같다. 슬픈 눈물이 없이 기쁨을 아는 법이 없다. 역경을 뚫
고 이겨보지 못한 사람이 순탄한 가나안 복지를 알 리가 없다. 진정 부끄럽고
창피한 경험을 가져보지 못하고 영광과 영화를 체험한다는 것은 불가능하다(역
경의 열매)."

# 요르단 독립의 별 훈장을 받다

중동 땅은 생경하기도 했지만 언제 어디서 분쟁이 일어날지 알 수 없는 살벌한 곳이었다. 아내와 어린 두 남매를 데리고 요르단, 시리아, 레바논 세 나라를 오가며 팔레스타인 고란 고원의 실향민들을 돌보는 피난민사업에 몰두했다. 중동에서 두 번의 전쟁을 겪으며 예루살렘을 떠나 베이루트로 피난을 하기도 하고 가족과 생이별을 경험하며 아무나 가질 수 없는 진귀한 삶의 경험을 얻었다.

당시 그는 레바논에 살면서 시리아 국경을 통과하기를 매주 반복했다. 베이루트에서 다마스커스를 향해 차를 몰며 바라본 시리아의 모습은 "푸른 하늘과 맞붙어 있는 듯한 헤르몬 산이 도시 문턱까지 뻗어내려오고 그 사이를 팔파강이 요란한 소리를 내며 흘러내리는" 매혹적인 향수를 불러일으키는 땅이었다. "평야에서 추수한 밀을 가득 싣고 방울소리도 경쾌하게 큰 길을 따라 걷는 낙타의 무리, 깊은 계곡이나 사막에서 양을 치는 목자들이 쳐놓은 검은 텐트"를 바라보다보면 왜 다마스커스가 세상에서 가장 오래된 도시 중 하나인지, 신약성경에 역사적 사건이 왜 이곳에서 일어났는지 깨닫게 된다.

몹시 추웠던 어느 날 아침, 그날도 채 해가 뜨기도 전 어두운 새벽 집을 떠나 다마스커스로 향하던 때였다. 당시는 전쟁 직후였고 시리아가

팔레스타인 구호책임자 시절 아랍부족 대표들과 함께

자유 세계와의 교류가 없던 때라 비자의 특권을 쉽게 얻을 수 없는 상황이었지만 그가 적지않은 구호사업의 책임을 지고 있던 까닭에 시리아 정부로부터 6개월간 유효한 복수비자를 받아 자유롭게 오갈 수 있었다. 6일 전쟁이 끝난 직후 처음 시리아로 입국하려던 그날, 출입국사무소 경찰관이 고개를 갸우뚱거리며 그의 여권을 샅샅이 뒤지는 것이었다.

"여권과 내 얼굴을 번갈아 쳐다보며 무작정 시간을 끄는 것이었습니다. 뭐 잘못한 게 있느냐고 물어도 묵묵부답이었습니다. 귀찮다는 듯 미간을 찌푸리기도 했습니다. 대한민국은 미 제국주의의 편이기 때문에 이 사람은 이스라엘의 간첩일지 모른다. 그러니 여권 속에 혹시 히브리어로 된 이스라엘 비자 같은 것이 없나 조사하는 눈치였습니다. 마치 내가 죄인이라도 된 기분이었습니다(새벽을 열며)."

경찰관이 "왜 노스코리아에서 오지 않고 사우스코리아에서 왔죠? 우리 친구는 북한이고 당신네 남한은 미제의 앞잡이 아닙니까?"라며 못마땅한 표정을 짓는 것이었다. 그러나 그는 조금도 주저함 없이 말했다.

"국적은 우리가 선택할 수 있는 것이 못되죠. 나는 비록 남한에서 왔지만 나의 시리아에 대한 애정과 우정은 북한에서 온 사람들과 하나도 다르지 않고 오히려 예수의 사랑 때문에 더욱 깊고 따뜻할 수 있다고 믿는데요! 내가 남한에서 왔기 때문에 당신 나라의 피난민을 덜 돕고, 만일 북한에서 왔더라면 더 열심히 일했을 것 같아요? 당신이나 나나 모두 불쌍한 이념 전쟁의 희생양인 줄 아시오 (새벽을 열며)."

이역만리에서 겪은 서글픈 경험은 우리 민족의 비극을 다시 한 번 절감하게 하였다.

"내 눈시울은 뜨거워졌습니다. 다시 차를 탄 후로도 한참이나 미어지는 가슴을 안고 적지 않은 눈물을 흘렸습니다. 왜 우리는 분단의 슬픔을 이렇게 먼 곳까지 와서도 맛보아야 하는지 알 수 없었습니다(새벽을 열며)."

진심이 통했는지 그 일이 있은 후부터는 시리아 출입에 아무런 어려움이 없었다. 몇 년 후 중동을 떠날 무렵에는 시리아 장관급 고위 관리들이 어느 나라 대사 부럽지 않게 큰 환송회를 해줄 만큼 가까워졌다.

5년간 중동생활은 힘들었지만 민간 외교의 중요성을 깨닫게 해주었다. 당시 요르단의 후세인 국왕은 전쟁으로 시달리는 자신의 백성들을 위해 귀한 친구가 되어주었다면서 그에게 '독립의 별(Star of Independence)' 훈장을 수여하기도 했다. 어떤 면에서 민간외교는 국가 간의 공식적인 외교보다 더 중요한 역할을 할 수 있고 간혹 공식적 외교를 넘어서는 큰 공헌을 하기도 한다는 것을 알았다.

레바논 시절의 일이다. 우리나라에서 국회의장을 비롯한 20여 명의 수행단이 잠시 베이루트에 들르게 되었다. 레바논은 당시 우리나라와 국교도 맺지 않았고 오히려 북한과 가까운 상황이었기 때문에 외교적인 의전 예우를 해줄 수 없다는 것이 공식적인 입장이었다. 앙카라대사관이 크게 걱정을 하며 참사관을 급히 파견해 백방으로 애를 썼지만 허사였다. 마침 평소 가깝게 지내던 레바논 국회의장에게 청을 넣었더니 공항 귀빈실도 열어주고 교통경찰의 호위도 받으며 이틀간의 레바논 방문을 성공적으로 마칠 수 있었다고 한다.

# 거룩함을 잃은 성지, 전쟁 또 전쟁

1965년 가을, 어린 두 남매를 하나는 등에 업고 하나는 품에 안은 채, 차신애 여사와 예루살렘에 도착했다. 자기 집을 잃고 성지에서 쫓겨난 아랍 피난민을 돕기 위해 그는 기꺼이 그 땅으로 갔다. 예수의 나라, 예루살렘의 성지에 왔다는 감격과 감사함을 느낄 겨를도 없이 도착하자마자 그는 깜짝 놀라고 말았다. 예루살렘의 첫인상은 감격과 감사함이 아닌 낙담이었다. 심지어 그는 자신이 기독교인이라는 사실에 뼛속 깊이 부끄러움을 느껴야 했다. 거룩해야 할 성지 예루살렘은 거룩은 고사하고 그 정반대의 모습을 보여주고 있었기 때문이다.

"무엇보다 나를 슬프게 한 것은 예루살렘 성이 반 동강으로 갈라져서 서쪽에서 동쪽으로 자유로운 왕래가 불가능하다는 사실이었습니다. 남북이 갈라져 있는 우리 민족의 비극을 뼈저리게 느끼는 나에게는 남다른 아픔이었습니다. 내가 일하는 YMCA 옆의 조그만 창고 같은 건물을 중심으로 이스라엘과 요르단의 젊은 군인들이 총을 겨누고 있었습니다. 거리에는 살벌한 철조망이 가로놓였습니다. 이스라엘 유대 지파와 아랍 지파 후예들이 갈라지고 깨어지고 원수가 되어, 죽이고 죽고, 때리고 맞고 욕을 하며 미워하는 일을 되풀이하고 있습니다. 이런 추악한 싸움이 3대 종교의 성지에서 행해지고 있습니다. 유대민족 이스라엘이 택함을 받은 백성으로서 해서는 안될 짓을 거듭하고 있다는 점입니다(새벽을 열며)."

1967년 그의 생에 두 번째 전쟁을 이국만리 타향에서 경험하게 된다. 이스라엘과 아랍 나라들 사이에 전쟁이 다시 일어난 것이다. 이름하여 6일 전쟁. 전쟁이 시작되기 며칠 전 아내와 어린 두 남매를 요단강 동편 암만을 거쳐 베이루트로 피난을 보냈다. 한국전쟁에 이어 다시 겪는 전쟁, 가족들과의 이별을 다시 경험하게 된 것이다. 눈물을 머금고 예루살렘을 떠나는 아내와 어린 두 남매를 바라보는 그의 심정이 어떠했을까? 내 생명이 소중한 만큼 다른 사람의 생명도 소중하다는 것을 몸소 체험한 그였기에 한 치의 주저함 없이 생명을 구하는 일에, 사람을 먹이는 일에 매진할 수 있었던 것이 아닐까?

"식구들을 보내는 내 마음은 갈갈이 찢어지는 것 같았다. 그러나 팔레스타인 사람들을 생각하면 우리의 고생은 아무 것도 아니다. 그들은 1940년대에 벌써 집과 고향을 잃고 실향민이 되었다. 그리고 20년 후에 이번에는 다시 요단강을 동쪽으로 건너서 두 번째 피난을 가게 되었다. 나는 예루살렘에서 전쟁을 겪었다. 총소리와 총에 맞은 사람들의 비명을 들으면서 일터를 지켰지만 6일 전쟁이 끝난 다음엔 또 요단강을 건너서 동쪽 광야에 천막을 치고 사는 난민들을 위해 밤낮없이 뛰어다녀야 했다(새벽을 열며)."

레바논의 베이루트에 새로 본부를 차려놓고 이번에는 레바논, 시리아와 요르단(요단강 동편)의 세 나라 구호사업에 책임을 지는 세계기독교협의회의 특별대표로 임명되어 3년을 더 일하게 된다. 매주 세 나라를 오르내리며 일에 몰두했지만 팔레스타인 사람들의 역경은 갈수록 태산이었다. 시리아의 골란고원 외곽, 다마스커스 시외의 빈들에는 날마다 억

6일 전쟁 이후 요단강 동편으로 피난온 난민들의 천막

울하게 죽어가는 어린이들과 노약자들이 늘어만 갔다. 어떻게 해야할까? 세계 교회들이 무슨 일을 할 수 있을까? 하루 아침에 집을 잃고 생업을 잃고 천막 난민촌에서 겨우겨우 살아가고 있는 사람들에게 무슨 위로를 할 수 있을까? 하루 하루가 걱정이요 번민의 시간이었다.

어느 날 유럽에서 구호물자를 보내겠다는 기별을 받고 시리아 정부와 협상에 들어갔다. 구호물품과 양곡을 비행기로 실어 올 방법을 찾기 위해서였다. 하루는 내무부 장관이 만나자는 기별이 왔다. 그의 염려는 단순했다. "기독교인들이 북미나 유럽에서 보내오는 구제물자에 십자가 표시나 기증한 기관의 이름을 새겨서 주고 사진을 찍어가는 것이 통례인데 이번에도 그렇게 할 생각이냐”는 것이었다.

그렇게 하겠다고 하면 그만두라고 할 것이 자명하고, 아무런 표시도 붙이지 않고 사진도 찍어보내지 않겠다고 하면 제네바 본부나 미국 교회의 기대를 벗어나는 일이 되겠고 그야말로 진퇴양난의 상황이었다. 그 순간 ‘예수님이라면, 예수가 그 자리에 섰다면 무어라 했을까? 어떻게 했을까?’ 생각이 들었다. 그러자 답이 바로 나왔다. “아무 표시도 안 하고 사진도 그만둘 생각이니 정부가 책임지고 불쌍한 난민들에게 신속하게 나누어주면 됩니다.”라고 말이다.

요르단에서도 도와달라는 요청이 쇄도했다. 요단강 동쪽 언덕에 수도 없이 천막도시가 들어섰다. 곧 겨울이 닥쳐올 텐데 천막에 겨우 몸을 누인 난민들을 보며 추운 겨울에 어떻게 하면 이들을 보호할까 걱정이 이만저만이 아니었다. 난민용 천막에서는 요단강변의 찬바람과 추위를 견딜 수 없는 형편이었다. 겨울이 한창일 무렵 유럽에서 조립식 임시 건물(난민 주택)을 급히 보내주었다. 난민의 겨울나기를 걱정하고 있던 요르단 정부였지만 선뜻 유럽 교회의 호의를 받아들이기 어려운 모양이었다. 그는 우선 요르단 난민촌 내에 시멘트 기초 위에 난민 주택 견본을 세워놓고 사회부 장관과 난민 대표를 불러 보여주며 설명했다. 상당한 논란이 있었지만 그날로 합의를 하고 수천 동의 임시주택을 몇 주 만에 완공할 수 있게 되었다.

그는 오히려 자신이 아시아인이었기에, 우리 민족 역시 둘로 갈라져 전쟁을 경험하고도 서로 화해하지 못하는 처절한 상황 속에 있었기에, 중동의 아픔을 내 것처럼 여길 수 있었고 그런 그의 진심을 팔레스타인 사람들도 알아봐 주었기에 맡겨진 자신의 책임을 다할 수 있었다고 여겼다.

싸움은 강한 군대를 가진 이스라엘의 승리로 6일 만에 끝이 났다. 요르단을 몰아서 요르단강 동쪽으로 후퇴시키고, 시리아와 이집트를 침략, 점령하면서 이스라엘은 영토를 넓히게 되었고 115만 아랍 사람들은 이스라엘의 통치를 받게 되었다. 지금껏 인류를 불행하게 만든 전쟁이 수없이 반복되었지만 이스라엘과 아랍 전쟁만큼 더러운 싸움은 없다고 생각되었다. 유대교의 성경인 구약이나 기독교의 신약, 예수의 가르침은 평화, 화해, 이웃 섬김, 원수 사랑 같은 거룩한 것인데 이스라엘은 이미 이런 귀한 가르침에서 멀리 떠나 있었다. 불의한 칼과 폭력으로 남을 지배하는 일은 행복하지도 오래가지도 못하며 결국 남도 못살게 하고 궁극적으로는 나도 죽게 하는 비극이라고 생각해온 그에게 중동 땅의 아픔이 유독 처절하게 다가왔다.

팔레스타인의 아픔을 온몸으로 겪은 그 역시 몸과 마음의 병을 얻었다. 건강을 추수를 겸 영국으로 건너간 그는 1972년 맨체스터대학교 경제사회대학원에서 박사학위를 취득한다. 이후 귀국하여 대학강단에서 후학을 가르치던 중 운명은 그를 다시 현장으로 이끌었다. 이번에는 유엔아동기금(UNICEF)의 부름을 받아 이집트에서 일해달라는 제안이었다. 1973년의 일이다. 당시는 한국이 유엔에 가입되지 않은 때라 한국인 직원도 얼마 없을뿐더러 사람 대접 받기도 힘들었다. 서구 선진 국가에서 온 직원들에 비해 몇 배나 더 열심을 내야 했다.

# 엘렘 인제라

유엔 국제공무원이자 최초의 국제 사회복지사로 파견된 그는 이집 트, 인도, 방글라데시, 뉴욕 본부 등지에서 십여 년의 시간을 보내게 된 다. 특히 첫 임지였던 이집트는 아프리카 대륙이 처한 상황을 체감하는 데 큰 역할을 했다. 3억 3백만여 평방 킬로의 대륙 아프리카, 남북으로 약 2만 리, 동서로 1만 8천 4백리 가량 되는 거대한 땅덩어리는 지구 육 지 총면적의 5분의 1이나 차지하고 있다. 이 드넓은 땅에 인류 총인구의 약 10분의 1이 살고 있다. 그의 저서 '새벽을 열며'에서 아프리카는 '축복 받은 땅'이자 가장 '처절한 땅'이라 묘사되었다.

"내가 아프리카를 사랑하고 그 곳을 땅 위의 천국이라고 생각하는 또 하나 의 이유는 아프리카의 초목과 짐승 때문입니다. 천혜의 지형과 지질, 기후가 조 화된 자연 조건에서 열대 밀림이 도처에 산재해 있고, 거기서 서식하는 동식물은 그 종류와 생김새와 빛깔이 다양함으로 보는 사람의 눈을 황홀케 합니다. 향기 로운 꽃냄새와 새 소리, 물 소리, 짐승 소리, 바람 소리가 어우러져 이루는 절묘 한 오케스트라를 밤낮으로 감상하며 사람 또한 자연 속에 동화되어 맑은 마음 으로 기도할 수 있는 그 곳은 정말 축복받은 땅입니다(새벽을 열며)."

아프리카는 한마디로 생명 세계의 근원(origin)이라 할 만하다. 학자들 은 약 2천만 년 전쯤 최초의 인류가 아마도 이 아프리카 땅에서 살았을

요르단 강변에서 아들 딸과 함께

거라 추측하고 있다. 엄청난 양의 지하자원-석탄과 석유, 철강과 합금, 우라늄 등-, 빅토리아에서 시작되는 나일강의 물줄기는 대륙을 호령하며 마라톤 코스 마냥 강들이 릴레이를 펼친다. 아프리카는 실로 가장 신비스럽고 가장 오래된 땅이며 인간의 본향이라 할 만하다. 같은 이유로 아프리카는 처절한 땅이 되고 말았다. 산업혁명 이래 유럽 열강들은 아프리카의 풍부한 자원을 침탈하기 위해 무력으로 아프리카를 식민지로 만들어 통치했다. 그럼에도 그는 아프리카의 참모습을 보고자 했고 그속에서 희망을 찾고자 했다.

"비록 가난하고 무지하고 굶주림과 온갖 질병으로 괴로움을 겪으면서도 자연과 조화를 이루어 화목하게 살아가는 인간의 참모습은 무엇과도 바꿀 수 없는 아프리카의 재산입니다. 이 5억의 대륙이 머지않아 인류 공동체의 활발한 무대가 될 것을 나는 믿어 의심치 않습니다. 아프리카인들의 위대하고 숭고한 인간성, 강인한 생활력을 우리는 배워야 합니다. 가능하다면 그들 속에 직접 뛰어들어 그들과 함께 살고, 함께 일하면서 내가 힘주어 말한 아프리카의 위대함을 체험하시기 바랍니다(새벽을 열며)."

그의 설교 속에 자주 등장하는 일화가 있다. 바로 유니세프 책임자로 에티오피아를 방문했을 당시 '엘렘 인제라'를 힘없이 외치던 작은 소년의 이야기다.

에티오피아는 아프리카 중앙 동편에 자리잡고 있는데 홍해와 접하여 1,010킬로의 기나긴 해변을 가지고 있다. 반면 서부지역은 해발 2,400에서 3,700미터의 고산지대인데 제일 높은 라스다샨산이 4,620미터라니 이 나라가 얼마나 높은 지역에 위치해 있는지 짐작이 된다. 당시 인구는 4천 4백만이나 개인소득은 겨우 120달러로 세상에서 제일 가난한 나라 중 1, 2위를 다투곤 한다. 가난은 어린이들에게 치명적이다. 절대빈곤에서 허덕이고 있는 인구가 65%에 달하고 어린아이 천 명이 태어나면 적어도 260명이 5세가 되기 전에 세상을 떠난다.

당시 사하라 사막의 계속되는 가뭄으로 인해 에티오피아 북부의 여러 도시에서 수십만의 피난민이 천막에서 거리에서 신음하고 방황하며 지내고 있었다. 유니세프는 모렘지역에 여덟 개의 임시 건물을 구호진료소로 만들어 운영하고 있었는데 그 중 하나는 중태에 빠져 언제 죽을지 모를 죽어가는 생명들, 특히 어린아이들을 그냥 버려두던 곳이었다. 이름하여 '죽음의 계곡'에는 사경을 헤매는 8천여 명의 환자들이 수용되어 있었다. 누워있는 사람들이 살아있는지 죽었는지 분별하기조차 힘들 지경이었다.

그곳에서 열 살이나 되었을까 싶은 어린 소년이 외마디 소리를 내고 있었다. "엘렘 인제라! 엘렘 인제라!(Yelem injera! Yelem injera!)" "먹을 것이 없어요! 먹을 것을 주세요!"

"그들에게 무슨 죄가 있겠습니까? 부모의 나라가 가난하고 무지하고 게으른 죄값을 어린 생명들이 치르고 있는 겁니다. 참으로 용서받기 힘든 현대 인류 사회의 죄입니다. 21세기에 해야 할 일 가운데 무엇보다 급하고 중요한 것은 우리보다 가난하고 어려운 나라들을 위해 우리가 가지고 있는 것을 아깝다 하지 않고 나누는 일입니다. 많은 나라들이 우리를 향해서 오늘도 엘렘 인제라를 목메게 외치고 있습니다. 이제 그 소리에 귀를 기울여야 합니다. 물질적으로 앞서간다고 선진국이 되는 것은 아닙니다(새벽을 열며)."

아마도 "엘렘 인제라"는 소년의 마지막 유언이 되었을 것이다. 어린 생명을 살려내지 못한 죄책감과 함께 한 사람의 실천가로서 자신의 한계를 뼈저리게 느꼈다. 더 체계적이고 더욱 근본적으로 이들을 도울 방법을 찾고 싶었다. 그래서 그의 아프리카를 향한 외침은 늘 '엘렘 인제라'로 시작되곤 했다.

# 폭력을 이기는 폭력보다 센 무기

살아있는 생명체를 값없이 여기고 멸시하는 사람은 인간의 삶이 무가치하다는 위험한 사상에 이르게 된다. 이 사상은 불행하게도 우리 현대 사회에서 위협적으로 나타나고 있다. 다른 생명에게 고통을 주고 죽이는 권리는 우리에게 없다.

- 슈바이처

그는 오늘날 인류가 당면한 과제 중의 과제, 최우선적이고도 긴박한 문제는 생명체 자체가 받고 있는 치명적인 도전, 즉 인간을 구성하고 있는 생태계가 멸망의 위기를 맞고 있다는 점을 꼽았다. 물질적 수준은 높아졌지만 인간 정신은 황폐해졌고 사람과 사람, 나라와 나라, 인종과 인종 사이의 갈등과 불신은 점점 수습하기 어려운 수준으로 나빠지고 있다고 보았다.

"우리 모두의 생명은 너무도 귀하여 세상을 다 주고도 바꿀 수 없는 값진 것입니다. 슈바이처는 생명에 대한 경외사상이 극진하여 그의 몸의 피를 빨고 있는 모기도 죽이지 못했습니다. 우리들의 정신이 거기까지는 못 미칠지라도 남의 생명에 상처를 주고 피가 나게 하고 더러는 죽게 하는 행실은 곧 나의 생명을 해치고 가벼이 여기고 죽이는 일입니다. 내 몸 내 삶을 참으로 사랑하는 사람은 남의 몸 남의 삶도 똑같이 애지중지하게 됩니다(새벽을 열며)."

인도 캐시미어 산 계곡에서

　그의 생명존중 사상은 인도에서의 5년 동안 간디의 사상을 깊이 접하
며, 테레사 수녀와의 만남을 통해 더 견고해졌다. 그는 여러 글 속에서
어린시절부터 인도를 무척 동경해왔노라고, 인도에 가서 꼭 한번 살아
보겠노라 생각했다고 밝힌 바 있다. 힌두교의 찬란한 문화, 그 그늘 속
의 어두운 풍습들, 무엇보다 영국의 식민지배를 겪은 인도 대륙이 참으
로 궁금했다. 1975년 유니세프 인도대표로 발령받은 그는 드디어 꿈을
이루었다. 인도처럼 어려운 나라에서 한 세기에 한 명 나올까 말까 한
간디같은 인물이 어떻게 나왔을까 궁금했던 그는 '거룩한 혼' 마하트마
간디 선생이 살아생전 일하던 곳을 찾아보는 기쁨과 감격을 인도생활

중에 누릴 수 있게 되었다.

마하트마 간디(1869-1948)는 인도대륙이 영국의 총포 밑에 눌려 절망과 고통을 살던 20세기를 걷어낸 위대한 사상가이자 운동가였다. "남아프리카 요하네스버그에서 흑사병으로 쓰러져가는 불쌍한 인도 동족들을 밤을 새우며 돌보는 동안, 영국 관헌에게 죽도록 매를 맞는 인도사람들을 안타깝게 바라보는 동안, 인도인이라는 이유로 일등 객실에서 쫓겨나 깊은 나탈산 중 마릿즈버스 기차역 추운 대합실에서 분노를 참는 동안", 그 속에서 바로 폭력을 이기는, 폭력보다 센 무기를 발견했을 것이다. 고난으로 점철된 인도인들의 삶이 바로 간디라는 인물을 만들어 냈고 그를 통해 그 고난을 이기는 새로운 저항이 가능해졌던 것이다.

간디의 가르침 가운데 두가지 힌두의 교훈이 있다. '아힘사'는 문자 그대로 '불살생(不殺生)'으로 생명을 죽이지 않는다는 고귀한 믿음이 그것이다. 힌두교에서 파생한 불교도 같은 신앙의 전통을 이어왔다. 인류가 타락하기 시작한 것은 남을 미워하고 싸우고 급기야 죽이고 죽는 일을 죄라고 간주하지 않은 때부터였다. 활을 가지고 싸울 때는 한 사람이 한 사람만 죽였지만 핵무기를 비롯한 살상무기들이 개발되어 이젠 한 사람이 십만, 백만의 생명도 순식간에 태워버릴 수 있게 되었다.

두 번째 가르침은 '싸티아그라하'이다. 이는 진리만을 붙들고 매달리는 '참(眞) 지키기'를 의미한다. 사람은 미련하고 이기적이어서 진리(싸트)가 우리 편이라고 판단하기 쉽다. 그러나 냉철하게 비판적으로 객관하면 진리는 내 편이 아니다. 내가 얼마나 진리 쪽에 가까운가를 성찰해야 하는 것이 인간이다. 참은 내 소유물이 아니다. 나에게도 남에게도 한결같이 바르고(正) 옳은(義) 것이어야 한다.

"간디에게 '사티아그라하(참 지키기)'와 함께 똑같이 중요했던 것은 '아힘사(살생하지 않음)'의 원리였습니다. 비폭력 무저항은 비굴하고 나약한 사람의 무기가 아닙니다. 그것은 적극적이고 도덕적이고 윤리적인 저항입니다. 이 사상은 전쟁이나 분쟁에만 적용되는 것이 아닙니다. 우리가 살아가는 가정이나 학교나 직장에서 생명을 귀히 여기고 폭력을 멀리하고 독에 찬 말을 삼가고 남을 노엽게 하지 않는 데서 시작해야 합니다(새벽을 열며)."

힌두교 성전은 다음과 같이 가르치고 있다고 한다. '용감한 사람을 보고 싶으냐? 그렇다면 용서할 줄 아는 사람을 보라! 영웅적인 사람을 보고 싶으냐? 그렇거든 미워하는 사람을 사랑할 수 있는 사람을 보라!'

간디 역시 "내 영혼이 얼마나 용감했느냐를 참으로 시험하게 될 날이 있을 것이다. 내가 죽을 때 나를 죽인 사람을 위해 기도하면 내가 진정으로 아힘사와 사티아그라하를 살다가 가는 것이 실증될 것이다."고 했다. 간디는 이 가르침을 자신의 삶으로 증명했다. 극단적인 보수파 힌두 청년의 총탄을 맞고 쓰러지면서, '라마, 라마, 라마' 자신을 죽인 청년을 위해 기도하면서 눈을 감았다고 전해진다. '아힘사'는 모든 사랑의 시작이며 끝이며 생명사랑의 대명사이다.

"인도는 어쩌면 아시아의 가장 쓰라린 문제들을 다 모아놓은 곳인지 모릅니다. 그 크고 넓은 땅에 세상의 모든 종족들이 모여 한 나라를 이루어 몇천 년 전

원시인들의 정글 생활로부터 찬연한 힌두 문명과 불교의 발상지에 이르기까지 고대와 현대를 한 무대에서 연출하고 있는 특이한 곳입니다. 벵골만은 그 중에서도 가장 독특한 지역이어서 나의 큰 관심을 불러일으켰습니다(새벽을 열며).”

그의 기억 속의 캘커타는 테레사 수녀의 '사랑의 집'이 있는 곳임과 동시에 세상에서 제일 가난하고 어려운 도시 중 하나로 각인되어 있다. 인도 책임자로 일하는 동안 그는 한달에 적어도 한 번씩 캘커타에 가곤 했다.

“테레사 수녀님과 캘커타에서 몇 가지 일을 같이 했습니다. 그가 노벨상을 타기 전의 일입니다. 짧고 무상한 인생의 길에서 테레사와 같은 위대한 사람과 만날 영광을 얻었던 일이 늘 감사하고 지금도 그분과 함께 찍은 사진을 들여다 볼 때마다 감회가 깊습니다(원주농고 50주년 기념문집).”

한 시간을 더 사는지 하루를 더 살 수 있을지 알 수 없는 죽어가는 시한부 환자들을 정성스레 씻기고 정결한 이불에 눕힌 후 응급치료를 하고 마실 것과 먹을 것을 나눠주는 테레사 수녀의 모습을 보고 한번은 미국에서 온 기자 한 사람이 수녀님께 질문을 던졌다고 한다.

“수녀님은 어째서 아까운 시간과 자원을 이 죽어가는 사람들을 위해 비경제적으로 소모하는지 모르겠습니다. 살 가능성이 높은 사람에게 주는 것이 더 의미있는 것 아닌가요?”

“살아있는 생명을 대할 때 그 생명이 몇 시간, 몇 날, 몇 달, 몇 년을

수에즈운하를 바라보며

살건지 계산하지 않습니다. 비록 몇 분 후에 숨을 거둘지도 모르는 생명
일지라도 어쩌면 몇 십년 더 살 수 있는 뭇 생명보다 몇 백배 몇 천배 더
귀한 것인지도 모릅니다."

그는 우리 사회에도 많은 테레사 수녀가 나와야 한다고 생각했다. 삶
의 참 기쁨은 저 멀리 바다 건너, 산 너머 유토피아에 묻혀있는 금은보
석이 아니라 우리들의 평범하고 가까운 일상에서 한 생명을 귀히 여기
는 생활 속에서 찾을 수 있음을 알기 때문이었다. 생명은 어떠한 경우에
도 존중받아야 하며, 모두를 살리는 일은 역설적이게도 한 생명을 살리
는 데서 시작해야 한다고 믿었다.

# 겨울이 와도 봄을 꿈꾸는 마음

현장 책임자로의 임무를 마치고 그는 1980년 여름부터 유엔본부 아동 영양특별위원회 사무국장을 맡아 뉴욕에서 3년을 보내게 되었다. 국제 협력이란 이름 아래 전 세계 나라들이 함께 모여 일하는 유엔본부, 그곳 에서 가장 연약한 아동을 위해 일하면서 이웃사랑이 얼마나 숭고한지, 또 그 일이 얼마나 힘든 일인지 뼈져리게 느꼈다. 또한 지구촌이라는 이 름으로 세계가 이미 이웃처럼 가까워졌고 인류가 한 가족이 됨을 실감 했다. 2년 간의 해외봉사로 끝날 줄 알았던 외국 생활이 20년간 전 세계 현장을 누비는 국제사회복지사의 활동으로 그 기간이 마냥 길어졌다. 그동안 121개 나라를 다녔고, 거주한 곳만도 7개국이나 됐다.

특히 그는 유엔본부에서의 생활, 자본주의의 심장 미국, 뉴욕의 한 복 판에서 조국을 객관적으로 그러나 너무나 절절한 마음으로 바라보게 되 었다. 그의 저서 〈뉴욕에서 조국을 생각한다〉에 그 심정을 다음과 같이 밝히고 있다.

"우리 겨레의 반만년 역사를 눈물없이 읽을 페이지가 많지 않습니다. 365일 을 조심해서 5천번 돌아보고 그 중 어느 한 날인들 파싸움, 칼질, 음모, 기근, 피흘림의 쓰라린 기록 없이 남아 있을는지 모르겠습니다. 한반도는 어쩌면 운명 적으로 강대국들의 싸움터로 태어났는지 모릅니다. 중국과 소련이 서북에서 마치 양자강의 공룡과 북빙양의 곰처럼 으르렁대고 동남으로는 일본과 미국이 후지산 호랑이와 태평양 독수리처럼 군림하는 사이에 끼어서 한반도 금수강산은 마치 고래 싸움에 등이 터지는 새우 모습을 연상케 합니다. 우리의 고국 3천리 강산에서 외침 내란을 합해서 거의 500번이나 전쟁을 치루어야 했습니다. 그리고 지금은 이 작은 반도가 허리를 잘린 채 세계에서 어쩌면 제일 큰 군막, 가장 무서운 군사분계선을 놓고 남북이 대결하고 있습니다(뉴욕에서 조국을 생각한다)."

그는 우리 민족이 경험한 이 엄청난 고난이 하나님께서 주시는 축복의 통로라고 여겼다. "슬픈 눈물이 없이 기쁨을 알 수 없고, 역경을 뚫고나와 비로소 이겨보지 못한 사람이 순탄한 가나안 복지를 알 리 없다. 부끄럽고 서러운 경험을 가져보지 못하고 영광과 영화로움을 체험한다는 것은 불가능하다." 고난과 역경은 삶의 동력이며 본질이다. 그 고난과 역경이 나보다 남을 위해 겪는 것이 될 때 삶은 무엇보다 귀한 것이 된다.

"그러나 울고 한탄하며 부정적인 숙명론에 붙잡혀서 영원한 실패의 민족으로 타락해버릴 우리가 아닌 것을 우리는 새로 인식해야 합니다. 세상을 꽤 많이 돌아다니고 수많은 민족과 국민들을 접해 본 경험에서 저는 배우고 얻은 것이 있습니다. 그것은 우리 겨레가 중차대한 세계사의 역할을 맡기 위해 몇천년 연단을 받아오며 오늘에 이르렀고 이제부터 지구촌 '인간가족'의 영광스런 새 역사 창조에 주역을 맡을 하나님의 각본이 있다고 믿게 됩니다. 우리 민족의 참 역할은 우리가 산업개발국의 첨단을 달리며 부귀를 누리는 데 있지 않습니다. 우리는 햇빛 든 북쪽 언덕(강대국 선진국)과 남쪽 그늘진 골짜기(후진국 약소국) 사이에서 힘이 들더라도 다리 노릇을 해야 합니다. 우리는 약한 나라, 억눌리어 배고 프고 헐벗은 이웃들을 아는 국민 아닙니까? 빼앗는 것보다는 주기를 좋아하고 침략하기 보다는 오히려 화평을 지키기 위해 피땀을 흘리는 겨레의 표본이 되어야 할 십자가가 우리 백의민족의 영광스런 의무라고 저는 믿습니다(뉴욕에서 조국을 생각한다)."

그는 지구가 하나 되는 미래에는 과학의 혁명으로 말미암아 이 넓은 세계가 옛날의 부족사회처럼 작아질 것이며, 지구촌이라는 단어보다 지구집, 지구가정이라는 단어를 사용해야 할지도 모른다고 예측했다. 그의 예상대로 세상은 무한하게 커졌고 동시에 무척이나 작아졌다. 그러나 여전히 국가 간의 빈익빈 부익부, 식량부족의 문제, 기후변화로 인한 위기, 자원배분의 불균형 등이 지구촌이 하나되는 것을 가로막고 있다. 그는 강대국과 약소국 사이, 한가운데 놓인 우리나라가 이를 해결하고 지구촌 참공동체를 만드는 데 큰 역할을 해야한다고 강조했다.

"마음을 고쳐 새로운 지구촌의 개념이 우리들 정신 속에 싹터 나면 인류가 전체적으로 번영할 수 있는 새 역사가 가능하다는 이야기가 헛된 망상이 아닌 실현성 있는 이상입니다. 국제 금융이 강대국 위주로 돌아가지 않고 후진국을 동참하게 하는 새 모습을 보이고 무상 유상 원조의 액수가 강대국들 총생산액의 최소한 100분지 1의 선에 올라가고, 빚 때문에 허덕이는 나라들이 숨을 돌릴 수 있는 부채 탕감의 기운이 빚쟁이(강대국)들 머리에서 생겨나고, 세계 교역이 생산 가공국과 소비 구매국들의 균형 잡힌 공평한 거래로써 이루어지면 총과 칼을 내어던지고 이 지구촌 인간 가족이 명실공히 한집 식구처럼 정답게 지내게 되고 새하늘과 새땅이 열리는 축복의 길이 기로에 서있는 현대 인류 앞에 활짝 열리게 안되겠습니까? 그 일을 위해 우리 모두 있는 자리에서 최선을 다할 것입니다. 하늘나라가 우리 안에 있다고 나사렛 예수가 하신 말은 진리 중의 진리, 예언 중의 예언입니다(뉴욕에서 조국을 생각한다)."

그는 우리 민족에게 부여된 세계사적 역할을 기꺼이 감당해야 한다고 믿었다. 그날이 오면 덩실덩실 춤을 추겠노라고 했다. 아리랑의 가락이 전 지구촌에 울려퍼질 날이 머지않았다고 보았다.

"백범 선생님의 말씀대로 우리는 세계 무대에서 주역 노릇을 할 귀중한 백성입니다. 그 감격과 감사와 환상을 가지고서 지구촌 무대에 서 봅시다. 뛰어 보십시다. 하나님의 축복이 꼭 우리에게 내려질 날이 보입니다. 세계가 우리의 무대요 나라요 가정입니다. 가슴이 뜁니다. 세계 속에 3천리 한반도가 춤을 춥니다. 지구촌의 교향악 속에 아리랑의 흥겨운 가락이 들려옵니다(뉴욕에서 조국을 생각한다)!"

# 조국을 초점으로 한 원심력

1984년 55세가 된 그는 유엔에서 조기 은퇴를 하고 귀국하기로 마음 먹는다. 더 나이들기 전에, 너무 늙기 전에 한국 사회와 교회에 세상 가난한 나라 이야기를 들려주고 싶었다. 오랜 꿈이 열매를 얻을 것 같은 강한 느낌이 들었다. 한국 사회가 이룩하고자 하는 물질적 풍요만큼이나 정신적인 풍요도 함께 일구어낼 수 있도록 힘을 기울여야하고, 그것의 근간이 되는 해외 원조를 위한 NGO운동을 개척할 때라고 믿었다.

"반도 3천리와 6천만 겨레의 품에서 떠나 살던 20년이 너무나 길었습니다. 새해 새 아침이 밝는대로 나그네 보따리는 정리하고 서울로 돌아갑니다. 분단의 참극이 아직도 멎지 않은 우리 고국의 4천만 겨레가 이 탕자 내외를 싫다 아니하고 맞아줄 것을 생각하는 이 가슴엔 감격과 감사의 눈물이 가득 차 있습니다. 붓을 놓으려는 제 머리에 번개처럼 도연명의 수정같이 맑고 금보다 귀한 명시 귀거래혜(歸去來兮)가 번쩍이고 천둥처럼 몇 줄 글이 온 몸을 진동합니다(뉴욕에서 조국을 생각한다)."

20년 동안 지구촌 순례를 마치면서 그는 도연명의 시를 인용하여 소회를 밝혔다.

# 귀원전거(歸園田居)

도연명(陶淵明)

少無適俗韻 性本愛丘山
誤落塵網中 一去三十年
覊鳥戀舊林 池魚思故淵
開荒南野際 守拙歸園田
方宅十餘畝 草屋八九間


어려서부터 세속과 어울리는 기풍이 없어
성품이 본시 산과 언덕을 좋아했었다.
잘못해서 세속의 먼지 속에 빠진지
단숨에 삼십 년이 흘러갔네.
새장에 갇힌 새는 살던 숲을 그리워하고
못 속의 물고기는 옛 연못을 생각한다네.
남쪽 들 언저리에 황무지를 개간하여
어리석은 삶을 지키려 전원으로 돌아왔네.
네모난 택지는 10여 무이고
초가집은 팔 구간 정도라네.

지인들에게 귀국의 뜻을 전하자 여러 곳에서 제안이 들어왔다. 그러나 그는 '떠돌던 새가 옛 숲을 그리워하고, 연못 물고기가 옛 놀던 물 속을 생각하듯' 소박하게 고국으로 돌아와 '새로운 작은 땅을 개간하여 전원을 지키며' 살고자 하였다. 직위의 높고 낮음이나 보수의 많고 적음에 얽매여서 응답을 주저하거나 망설이고 싶지 않았다.

"가난한 기관과 부유한 기관이 서로 그를 부르는 경쟁을 편다면 이 박사는 의례 가난한 쪽의 부름에 응하지 않을 수 없는 특성을 가진 사람입니다. 가난하고 약한 쪽을 택하는 결단이 그에게 주는 정신적 승리감이 그에게는 더 소중하기 때문입니다. 무엇보다도 그가 사회복지를 위해서 일생을 고스란히 바치려는 각오를 가진 사람이란 점에서도 그의 판단의 기초가 무엇인지 뚜렷이 보입니다 (한국신학대학 정대위 학장의 글, 뉴욕에서 조국을 생각한다)."

그는 옛 스승이 제안한 한국신학대학교 교수직을 수락하고 귀국길에 올랐다. 1985년 20년의 순례길이 막을 내리고 동시에 새로운 인생의 서막이 시작되는 순간이었다.

"20년이 넘는 세월 동안 해외에 나가서 활약하는 가운데 이 박사는 겉으로 보아서는 인간도처유청산(人間到處有靑山)격으로 살아왔으나 내심 단 한순간일망정 고국이나 겨레를 그리워하지 않은 때가 없었던 것을 우리들은 알고 있습니다. 원심력 때문에 멀리 튀어나가는 물방울처럼 이 박사는 오랜 동안 고국땅을 떠나서 팔레스타인의 아랍지구에서, 레바논의 베이루트에서, 이집트에서 그리고 인도와 방글라데시에서 맹활약하였습니다. 그러나 이 멀리 튀어나간 물방울

이집트 시절 피라미드 앞에서 가족과 함께

이 그렇게도 타는 목마름을 가진 변두리에 사는 많은 사람들을 두루 적실 수 있었던 것은 그에게는 한국 사람인 그가 한국을 대표해서 이런 봉사를 할 수 있다는 것을 온 세계에 증명이라도 하겠다는 결심이 확고히 서 있었기 때문이었습니다. 한국을 초점으로 한 원심력이 그를 멀리 떨어진 땅 끝에 가서 그렇게도 세차게 맴돌게 만든 것입니다. 이렇게 멀리 돌아가는 동안 근심력과 같이 나라와 겨레를 사랑하고 그리워하는 그의 망향심은 더욱 뭉쳐 굳고 강해졌습니다(한국신학대학 정대위 학장의 글, 뉴욕에서 조국을 생각한다)."

제2부

# 하나님의 마음을
# 상하게 하는 것들로 인하여
# 내 마음도
# 상하게 하소서

## 제3장 〈월드비전 시절〉

# 이제는 사랑의 빚을 갚을 때

# 도움을 받는 나라에서 주는 나라로

20여 년 세계를 떠다니는 동안 그가 한시도 잊지 않고 기도한 소원이
있었다. 언젠가 고국 땅으로 돌아가서 제3세계를 위한 구호와 개발 모금
을 하여 그동안 우리 민족이 받은 사랑의 빚을 갚고 싶다는 마음이었다.
해방과 6·25전쟁 이후 너무도 많은 도움을 받은 덕분에 참담한 고난의
시기를 지나 이제 잘 사는 나라가 되었는데 그 고마움을 조금씩 갚아나
가는 것이 세계 시민으로서의 당연한 도리라고 여겼다. 월드비전 한국의
회장으로 재임한 6년(1991-1996) 동안 그는 이 소원을 현실로 만들었다.

당시 우리나라는 경제적으로 아주 풍요로운 것도, 정치적으로 조화를
이루어 안정된 것도 아니었다. 그는 그런 현실보다도 더 위험한 것이 우
리 스스로도 느끼지 못하는 사이에 자리잡게 된 의존심이라고 보았다.
이 의존심을 벗어나 아무도 가지 않은 길, 받는 나라에서 주는 나라로
거듭나기 위한 진통을 겪어야만 한다고 생각했다. 월드비전 한국의 도
전은 '한강의 기적' 만큼이나 값지고 심오한 의미를 갖는다고 평가받는
다. 그 도전을 이끈 이윤구는 한국 사회가 이룩하고자 하는 물질적 풍요
만큼이나 정신적인 풍요도 함께 일구어낼 수 있도록 힘을 기울이고, 그
것의 근간이 되는 해외 원조를 위한 NGO운동을 개척할 때라고 믿었다.

1991년 1월 1일, 월드비전 한국(당시 한국선명회) 회장으로 취임하는 자

월드비전 후원자 사은의 밤 행사에서 김혜자 친선대사와 함께

리에서 그는 다음과 같이 선언한다. "월드비전 한국은 40년 동안 전 세계로부터 크고 많은 사랑을 받아왔습니다. 기회가 있을 때마다 이젠 받는 나라를 졸업하고 받은 사랑을 갚으며 나누는 일을 해야 한다고 말해 왔습니다. 아마 그렇게 말을 한 대가를 지불하라는 하나님의 명령이라고 생각합니다."

　월드비전의 역사는 한국사회의 발전과정을 그대로 보여주는 축소판이다. 지금은 세계적인 구호개발기구로 성장한 월드비전은 한반도에서 6·25전쟁과 함께 시작되었다. 전쟁이 일어나기 직전 로버스 윌라드 피어스(Robert Willard Pierce, 1912-1978)는 부산, 대구, 서울 등지에서 부흥회를 인도하고 미국으로 돌아갔다. 한국에서 전쟁이 터졌다는 소식은 피어스 목사의 가슴을 뜨겁게 했다. 몇 달을 고민한 끝에 직접 구호단체를 만들어 한국을 구해야겠다고 결심하고 9월 22일 오레건 포틀랜드에서 월드비전 국제본부(World Vision International)를 창설하게 된다. 곧이어 10월 온 나라가 불타고 포성이 요란한 아비규환의 현장으로 돌아온다. 외국인들이 모두 피난을 위해 출국을 하던 그때 젊은 부흥사 피어스는 오히려 목숨을 걸고 전쟁이 한창인 한국으로 들어온 것이다.

그가 향한 곳은 부산, 대구 등지의 피난민들이 모인 곳, 고아원, 포로수용소 등을 돌아다니며 닥치는 대로 구호의 손길을 펼쳤다. 부산에서 피난민교회를 시작하던 영락교회 한경직 목사와 함께 구호사업을 시작한 것도 이때쯤이다. 이렇게 한국의 사회사업은 6·25전쟁의 비극을 극복하기 위해 시작되고 자라나기 시작했다. 전쟁 중에 생겨난 수백을 헤아리는 고아원과 모자원들이 기독교세계봉사회(CWS), 기독교아동복리회(CCF), 월드비전의 도움없이 운영되는 곳이 없을 정도였다.

"나는 압니다. 한국에서 그렇게 창백한 손을 뻗는 이들의 절실한 상황을 알고 있습니다. 한국의 고통받는 이 어린이들이 흐느끼는 울음소리는 너무나도 처참하여서 이제 여러분들에게 글을 쓰지 않을 수가 없습니다." 눈물로 호소하는 피어스 목사의 글과 참혹한 난민들의 실상을 담은 영상은 미국의 교회와 교인들에게 큰 반향을 일으켰다.

전쟁 중에 일시적인 구호도 귀한 일이지만 피어스 목사는 지속적이면서 새로운 사업방식을 구상하게 된다. 바로 결연 후원이다. 도움이 필요한 전쟁고아와 미망인 가족을 미국의 한 교회 혹은 한 가정과 연결하여

소말리아 데누르이 급식소 진료소에서 김혜자, 정영숙 친선대사와 함께

일정 금액을 정기적으로 후원하도록 하는 방법이다. 당시 처음으로 전달된 결연 후원금은 25달러, 매월 미국의 후원자가 보내주는 정기후원금 25달러는 한 가정의 자립을 돕고, 자녀의 장학금으로 사용되어 생명을 선물하고 희망을 꿈꿀 수 있게 했다.

"한국에서 총성은 멎었습니다. 하지만 굶주림과 가난 그리고 질병에 대한 싸움은 이제 시작하였을 따름입니다. 어린 전쟁고아들이 지금 천천히 버려지고 있으며 고독과 절망 속에서 도움을 찾아 창백한 손을 들어 멀리 뻗치고 있습니다. 한국인 어머니와 미군 아버지 사이에서 태어난 헤아릴 수 없는 어린이들이 우리 고아원에서 받아주기를 기다리고 있습니다. 그 중 어떤 아이들은 돌보는 사람이

월드비전 설립자 한경직 목사와 함께
(왼쪽부터 이윤구 회장, 정진경 이사장, 한경직 목사, 그레엄 어바인 국제 총재)

없어 몇 주일이 지나면 죽을 것입니다(피어스 목사의 글, 사랑의 빵을 들고 땅끝까지)."

전쟁이 길어지자 피어스 목사는 한센병 환자들을 위한 집을 짓기 시작한다. 어린 자녀를 키우고 있는 55명의 여성 한센병 환자를 돌보며 감염되지 않은 어린 아이들을 격리시켜 안전하게 정상적인 삶을 살아가도록 지원하는 일이다. 1953년 4월에는 대전에 애경원교회를 설립하여 600명의 한센병 환자와 가족들이 모여 살 수 있는 터전을 만들었다. 1957년에는 서울역 광장 맞은 편에 '월드비전 특수피부진료소'가 문을 열었다. 월드비전은 이 진료소 개소 후 10년 동안 매년 1만 2천 달러, 1970년부터 5년은 4만 5천 달러씩, 1976년에서 1980년까지는 2만 5천 달러씩 지원했다. 1959년부터 1983년까지 치료를 받은 사람은 무려 98,952

명이며 이 가운데 5만여 명은 완치되었다.

1978년 월드비전 한국을 통하여 매달 후원금을 보내는 해외후원자는 2만여 명 가량되었다. 월드비전 한국 내부에서는 80년대부터 해외 후원을 해보자는 움직임이 일기 시작했다. 해외에서 들어오는 후원이 점차 줄고 국내 모금이 시작되기는 했으나 여전히 연간 200만 달러의 후원금이 해외로부터 들어왔다. 당시 사업후원 총액이 5억 4천만여 원인데 비해 국내모금은 겨우 1천만 원 미만에 불과했다. 1980년대 후반을 지나며 국내모금 9억원이 넘어서는 변화가 일어나기 시작했으나 해외후원이 줄어드는 대신 국내모금, 정부 보조금, 여의도 월드비전 회관에서 발생하는 재단 수입 등이 늘어난 덕분이었다.

1991년 회장으로 취임한 이윤구는 월드비전의 회계연도가 시작되는 10월부터 국제본부로부터의 해외후원 송금을 받지 않기로 선언했다. 남의 도움을 받아 온 40년의 역사에 막을 내리고 한 단계 높은 차원으로 도약해보자는 다짐이었다. 그는 1991년이 온전히 우리 힘으로 우리의 불우 이웃을 도울 수 있는 완성의 해, 더 나아가 세계 90여개국 500만 명의 이웃을 돕는 세계사적 사역에 참여하는 뜻깊은 해가 되기를 기도하고 또 기도했다.

"무모하고 무리한 일일 수도 있었습니다. 그러나 기다리고 때를 찾자면 한이 없을 것 같았고 새로운 일은 언제나 완벽한 계획보다 모험이 있더라도 꿈과 의지를 가지고 저질러 보는 것이 옳다고 믿었습니다(사랑의 빵을 들고 땅 끝까지)."

## 벵갈만, 문명의 시금석

1991년 봄, 방글라데시의 치타공항구, 부산항을 떠난 쌀 천 톤(12,500 가마니)이 하역되는 순간, '사랑의쌀'이라고 선명하게 찍힌 하얀 쌀 포대들이 배에서 내려져 대형트럭으로 실려나갔다. 벵갈만으로 기우는 붉은 노을 만큼이나 아름답고 장엄한 이 광경은 방글라데시 정부 대표와 종교계 지도자들의 눈시울을 뜨겁게 하기에 충분했다. 한국기독교총연합회와 함께 전개한 사랑의쌀보내기운동이 이렇게 첫 번째 결실을 맺었다. 월드비전 회장이 되어 그가 처음으로 집행한 해외후원사업이 이렇게 시작되었다.

"그 까마득하던 꿈이 십여 년 만에 이루어졌습니다. 월드비전 회장으로 부임한 첫 주간이었습니다. 저는 주저함 없이 방글라데시로 날아갔습니다. 한민족 첫사랑의 선물을 가난한 이웃에게 전달하기 위해서입니다. 몇 명 안 되지만 치타공의 우리 교포들이 흔들어주던 태극기는 제 가슴을 한 번 더 뭉클하게 했습니다. 천 톤의 쌀은 해방 후 우리 민족이 받았던 구호양곡에 비하면 태산의 한 줌 흙에도 못 미치는 양입니다. 그러나 그것은 받은 사랑을 잊지 않고 되갚기 시작한 첫 번째 나눔이기에 특별한 의미를 갖습니다. 첫걸음, 한 발짝이 천리 길의 소중한 시발이기 때문입니다. 배고픈 사람에게 제일 기쁜 소식은 일용할 양식인 것을 우리는 너무도 잘 압니다. 아침에 눈을 뜨면 밥을 먹었느냐는 인사가 제일 중요했던 우리여서 남을 도울 수 있게 된 오늘이 얼마나 행복한지를 이국 땅 치타공에서 새롭게 배웠습니다(사랑의 빵을 들고 땅끝까지)."

그가 첫 해외사업 대상국을 방글라데시로 정한 데는 이유가 있었다. 유엔아동기금(UNICEF)의 책임자로 방글라데시에 있을 때, 밤낮으로 기도했던 소망이 있었기 때문이다. 생을 마치기 전에 한국으로 돌아가, 땀 흘려 우리 손으로 기르고 수확한 쌀을 싣고 머나먼 바다를 건너 방글라데시의 굶주린 어린이들을 먹이는 꿈이었다. 이토록 기름지고 풍요로운 땅에 사는 사람들이 이 세상에서 가장 빈곤하고 무지몽매한 삶을 이어 나가고 있다는 역설적인 현실에 그는 주목했다.

인도 대륙은 오랜 세월 영국의 식민지였는데 제2차 세계대전이 끝날 무렵 독립의 기회를 얻게 되었다. 그러나 독립의 기쁨도 잠깐, 힌두교와 이슬람교의 처절한 분쟁으로 인도와 파키스탄이 분할되고 다시 파키스탄이 동서로 갈라져 동부 파키스탄이 방글라데시라는 국가로 분리되었다. 종교적 이유로 서로 갈라서긴 했지만 독립 국가로서 자립하기엔 무기력한 나라들이 신생 독립국으로 출범하게 된 것이다.

당시 방글라데시의 영아 및 유아 사망률은 천 명당 191명이나 되었다. 다섯 명 가운데 한 명은 5세가 되기도 전에 세상을 떠난다는 의미였다. 연간 일인당 국민소득이 채 200달러가 되지 못하고 문맹률이 남자 57%, 여자 78%나 된다니 방글라데시 국민들의 삶이 어떠한지 가히 짐작하기 쉽지 않다. 특히 비타민 결핍으로 시력저하와 안질환이 일상이 되었고 완전히 실명하는 어린이들도 많아 유니세프는 어린이들에게 비타민 A를 공급하는 일을 집중적으로 수행하고 있었다.

방글라데시의 책임자로 일하는 동안 벵갈만 일대의 주민들을 만날 때마다 그는 주민들에게 "벵갈 델타는 아시아 문명의 한 요람이며 앞으로 세계 무대의 새로운 중심부가 될 것입니다."라고 말해주곤 했다.

"1차 산업의 중핵인 농업, 광업, 임업, 어업의 보고인 벵갈만, 공업과 상업의 중심지인 후글리강, 티스타강 상류, 란짓강을 따라 북으로 향하면 해발 2,200미터 고지대에 히말라야 산맥 아래 유명한 차의 산지이기도 한 다지링, 그 맑고 깨끗한 마을들, 그들을 바라보고 있노라면 그 지긋지긋한 빈곤, 질병, 무지의 생활환경을 다 잊게 됩니다. 참으로 거룩한 삶은 처절한 환경에서 더욱 찬연하게 빛나는 것 같습니다(새벽을 열며)."

우리 겨레를 '아시아의 등불'이라 칭송한 시인 타고르는 '인류의 바다 인도'라는 시로 자신의 조국 인도의 위대함을 노래했다.

## 인류의 바다 인도

타고르

누구의 부르심을 따라

이렇듯 숱한 인종의 시냇물이
이름없는 계곡으로부터
세차게 쏟아지는 여울물처럼
흐르고 또 흘러서 큰 바다가 되어

이 위대한 인류의 대양을 이루었는지
아아! 알 사람은 하나도 없어라

아리아 족과 드라비다 종족이
몽골, 사캬, 후나의 후예들과 어울리고
파단, 모굴 지파들이 들어오더니
이 큰 바다에서 온통 하나로 승화하는구나!

서편을 향한 수문이 활짝 열려
서양문물이 끝도 없이 흘러들어

주거니 받거니 하는 동안에
이 위대한 인류의 대양 인도의 피안에
모이고 또 모여서 하나가 되어
다시는 다시는 헤어지지 않으리!

"인도는 어쩌면 아시아의 가장 쓰라린 문제들을 다 모아놓은 곳인지 모릅니다. 그 크고 넓은 땅에 세상의 모든 종족들이 모여 한 나라를 이루어 몇천 년 전 원시인들의 정글 생활로부터 찬연한 힌두 문명과 불교의 발상지에 이르기까지 고대와 현대를 한 무대에서 연출하고 있는 특이한 곳입니다. 벵갈만은 그 중에서도 가장 독특한 지역이어서 나의 큰 관심을 불러일으켰습니다. 이제 우리도 아시아로 눈을 돌려야 합니다(새벽을 열며)."

그는 쌀 1천 톤을 시작으로 더 많은 아시아 나라로, 더 많은 후원물자로, 더 많은 교류와 협력으로 20여 년 전 벵갈만 주민들에게 했던 마음속 약속을 실현해나갔다. 이후 구호사업을 넘어 지역사회개발사업을 통해 홍수에도 농사를 망치지 않도록 수로를 만들고, 지속적인 자립이 가능하도록 학교와 병원을 세우는 일을 계속했다. 이 기적을 가능하게 한 첫 번째 운동이 '사랑의 빵'이라는 모금 방법이었다.

# 사랑의 빵이 낳은 기적

사랑의 빵 저금통은 1974년 미국의 작은 마을 한 가정에서 시작되었다고 전해진다. 자그마한 깡통 하나를 식탁 가운데 놓고 하루 일과를 마친 가족들이 둘러앉아 저녁을 먹기 전, 주머니에 있던 동전을 통 속에 넣었다. 통 속에 동전이 가득 차면 예수의 '오병이어' 기적을 생각하며 이웃과 나누기 위해 월드비전으로 동전을 보냈다. 미국 월드비전은 이를 계기로 '사랑의 빵덩이(Love Loaf)'라는 이름으로 저금통을 만들어서 교회로 나누기 시작했다. 사랑의 빵 저금통은 나누고자 하는 마음만 있다면 작은 동전이 얼마나 큰 힘을 만들어 낼 수 있는지 보여주는 상징이 되어 유럽으로, 호주와 뉴질랜드로 번져나갔다.

그가 이집트에서 유엔아동기금의 책임자로 일하고 있을 때 1달러의 가치를 실감할 기회가 있었다. 선진국에서 1달러, 25센트, 1센트는 말할 수 없이 작고 연약한 존재이지만 저개발국가나 전쟁 중인 나라에서 1달러는 어마어마하게 큰 돈이다. 1달러로 굶주리는 가족에게 이틀 먹을 분량의 쌀을 구해줄 수 있고, 1달러로 다섯 사람에게 피임약 한 달 분을 제공할 수 있었으며, 1달러로 열 명의 어린이에게 영양실조를 면할 음식을 제공할 수 있었다. 1970년대 미국 돈 25센트는 제3세계에서 17달러 50센트의 가치의 구매력을 가지고 있었다. 선진국가에서 버려지는 25센트 동전이 다른 나라에서는 생명을 구하고 질병의 고통에서 벗어날 수 있다는 사실을 알게 되었다. 믿기 힘들지만 '사랑의 빵' 작은 저금통이

사랑의 빵 저금통을 정리하는 이윤구 회장


이를 가능하게 만들고 있었다.

　월드비전 한국 회장에 취임한 후 1991년 10월부터 해외지원을 끊고
자체 모금으로 도움을 주는 나라가 되겠다고 선언한 그였지만 갑작스럽
게 백만 달러를 모금한다는 것은 결코 쉬운 일이 아니었다. 간부직원들
역시 우리가 아프리카와 아시아 어린이들을 품어야 한다는 당위에는 공
감한 반면 현실적으로 그 많은 돈을 어떻게 모금해낼 것인가 깊은 고민
에 빠져 있었다.

　2월 초 서울 송파와 경기 성남에 있는 지역사회복지관을 순시하던
중, 복지관 사무실 탁자 위에 빵 모양의 작은 저금통이 놓여있는 것을

본 그의 심장이 뛰기 시작했다. 1990년 모금을 위해 만들어놓은 사랑의 빵 저금통이 아쉽게도 크게 호응을 받지 못한 채 창고에 쌓여있는 신세였던 것이다. 역으로 계산을 해보았다. 5월부터 시작해 9월 말까지 백만 달러를 모금하려면 한달에 2억원 가량을 모아야 했다. 빵 저금통 하나에 평균 만 원의 동전이 모인다고 가정할 때 10만 개 배포되고 2-3개월 안에 저금통이 수거되어야 한다는 계산이 나왔다. 10만 개의 저금통! 10만 명의 후원자! 한 번도 가지 않은 길! 아무도 하지 않았던 일은 결단과 용기, 무모하리만큼의 열정이 있어야 가능한 일이었다. 아니 열정만으로는 도저히 불가능한 일로 보였다. 기적이 현실이 되어 사랑의 빵이 월드비전 한국의 획기적 전환점이 되리라곤 아무도 상상하지 못했다.

천리길도 한걸음부터라 했던가! 몇 날을 새벽까지 기도하며 이 운동이 시작된 미국 월드비전에 자료를 요청했다. '사랑의 빵'의 역사를 다시 읽고 일본, 대만, 캐나다 등지의 빵 저금통 견본들을 모아서 비교해보았다. 3월 첫 확대간부회의 날 오병이어의 기적을 주제로 설교하고 '사랑의 빵'을 주제로 토론을 시작했다. 3, 4월호 월드비전 소식지에 자세한 사랑의 빵 모금 계획을 만들어 후원자들에게 알리는 것을 시작으로 5월

사랑의 빵 모금포스터

부터 본격적인 모금에 돌입했다.

  전략은 의외로 간단했다. 우리 민족의 배고픈 역사, 특히 6·25전쟁의
고통을 기억하면서 풍요로운 식탁을 대할 때 밥상 한가운데 사랑의 빵
저금통을 놓고 동전을 하나 둘 모으며 감사기도를 드리자는 것이었다.
우선 만 개의 저금통을 만들어 이곳 저곳 나누기 시작했다. 의외로 작은
교회들에게서 먼저 응답이 왔다. 전교인 80명의 교회에서 100개의 저금
통을 모아 보내주었다. 교회가 작으면 아무런 봉사사업을 못한다는 통
념이 깨어지는 순간이었다. 천 명이 모이는 교회에선 천 통이 넘는 빵
저금통을 강단 밑에 쌓아놓고 감사예배를 드렸다. 너무나 무겁고 부피
도 커서 운송하는 데만도 큰 힘이 들 정도였다. 은행에서도 동전을 세는
데 곤혹을 치르곤 했다. 동전 통을 가득 싣고 은행으로 향하던 직원 차
량 타이어가 펑크나는 일도 다반사였다. 동전의 무게가 만만치 않은 모
양이었다.

  사랑의 빵 모금으로 월드비전 한국은 1991년 5월부터 이듬해 5월 31
일까지 49만 6,452달러의 해외사업을 지원할 수 있게 되었다. 사랑의 빵
운동이 시작된 지 3년 만에 290만 개의 저금통으로 총 64억 원이 모금되
었고 7천여 교회를 비롯해 5천여 기업과 단체, 3천여 초·중·고교 등이
이 운동에 참여하였다. 아마도 천만 명 이상의 국민이 참여한 것으로 추
정된다. 사랑의 빵 저금통이 처음으로 만들어진 미국에서조차 성공하지
못한 모금 혁명은 이렇게 한국에서 기적을 이루어냈다.

사랑의 빵 모금 운동은 '한국의 오
병이어'로 불리며 큰 기적을 만들
어냈다.

"취임하던 1991년 정월 첫 주간 방글라데시로 사랑의 쌀을 싣고 가서 느낀
아픔과 감동들을 온 마음을 다해 생기있게 전했습니다. 우리 돈 천 원, 1달러로
30명의 어린이가 맹인이 되는 것을 막을 수 있다는 말을 피를 토하듯 힘주어 역
설했습니다. 초등학교 어린이들이 이 사실을 듣고 감동하여 사랑의 빵 저금통에
십 원, 백 원, 오백 원의 동전을 쉬지 않고 넣게 되었습니다. 사람의 마음에 감
동을 주는 이야기가 없이는 모금은 불가능합니다. 늘 우리도 뭔가 부족하다고
느끼며 살기 때문입니다. 한국에서 모금 문화의 혁명을 일으키려면 제 속사람이
먼저 뜨거워져야 했고 그 뜨겁고 진실한 기운을 느낀 사람들이라야 마음을 움직
일 것이라는 생각이었습니다(사랑의 빵을 들고 땅끝까지)."

그는 한국에서 모금 문화의 혁명을 일으키려면 자신이 먼저 스스로 뜨거워져야 한다고 생각했다. 그의 경험과 실천에서 나오는 뜨겁고 진실한 기운을 다른 사람들에게 전달할 때라야 상대방의 마음이 움직일 것이라고 본 것이다. 20여 년간 분쟁과 가난의 현장을 온몸으로 누볐던 그였기에, 한 인간의 생명이 천하보다 귀하다는 믿음으로 살아온 그였기에, 그의 설교에는 아무도 흉내낼 수 없는 진심, 인간의 이타적 본심을 자극하는 뜨거운 그 무엇이 있었다.

그는 늘 현장에 먼저 달려갔다. 캄보디아의 농가를 찾아가 손으로 땅을 파고 밭을 갈아 돌덩어리처럼 굳어진 농민의 손을 맞잡고 함께 눈물을 흘린 후에라야 '사랑의 빵으로 사랑의 괭이'를 캄보디아로 보내자고 설교할 수 있었다. "괭이 한 자루에 1천 5백 원입니다. 이 돈이면 캄보디아의 농부 한 사람이 손으로 땅을 파고 밭을 가는 아픔이 없어집니다. 손에서 피를 흘리지 않게 해 주십시다. 오늘 빵 통을 채워서 보내주세요." "에티오피아 북부 재해민수용소에는 5만 여명의 피난민들이 몰려들어 구제의 손길에만 의지하고 있습니다. 매일 평균 100명에 가까운 생명이 스러져가고 있습니다. 그들은 대부분 병약한 어머니들과 갓난 핏덩이들입니다." 생생한 현장의 소리, 이 간절한 호소를 듣고 어찌 등을 돌릴 수 있었으랴. 그가 눈물로 호소하며 설교하는 곳이면 한 달 뒤 사랑의 빵 저금통이 가득 차 들어오곤 했다. 그는 스스로 기꺼이 보리떡을 내놓은 소년이 되었고 오병이어의 기적은 현실이 되었다.

"2천 년 전 '아르토스', 보리떡 다섯 개의 기적은 갈릴리 호수 서쪽 물가에서

캄보디아 농업지원사업장 방문

한 가난한 소년의 빵이 사랑으로 나누어졌기에 일어난 기적입니다. 2천 년 후, 그 기적이 한반도 남쪽 한강 기슭에서 오병이어의 기적보다 몇 천 배 크게 일어 났습니다. 그리고 지금도 계속 일어나고 있습니다(사랑의 빵을 들고 땅 끝까지). "

# 에티오피아에 한국촌이 있다?


에티오피아에 대해 그가 기억하는 것은 두 가지 모습이었다. 하나는 1980년대 중반 대규모 난민이 발생했던 때 유엔아동기금 이집트 책임자로 있으면서 에티오피아 피난민사업을 돕기 위해 잠시 방문했을 때의 기억이다. 한 천막에 들어서자 죽어가는 생명들의 신음소리에 정신이 아득해짐을 느꼈다. 그 곳은 살아남을 가능성이 없는 환자들을 모아놓은 곳이라고 했다. 굶주리고 아파서 소리를 낼 힘도 없어 보였다. 환자들이 마치 짐처럼 곳곳에 모여 있었다. 작은 소년 하나가 모기 만한 소리로 말했다.

"엘렘 인제라."

먹을 것이 없어서 죽게 되었다는 호소였다. 먹을 것을 달라는 외침이었다. 아마도 일행이 떠난 후 얼마 못가서 그 소년은 숨을 거두었을 것이다. 세상에 태어나 마지막으로 남긴 유언이 "먹을 것이 없어요. 엘렘 인제라."였던 것이다.


또 하나의 기억은 6·25전쟁 참전 당시 만난 에티오피아 청년의 모습이었다. 그가 근무하던 유엔군 공병부대 바로 옆에 천막을 치고 유엔과 에티오피아의 깃발을 휘날리며 주둔하고 있던 그들. 그의 기억 속에 에티오피아 군인들은 우리보다 조금 작은 키에 조용조용한 말투, 순수해 보이는 얼굴 등으로 남아 있었다. 당시로선 아프리카 사람들을 만나는

에티오피아 한국촌을 방문하여 한국전 참전군인과 함께

경험이 처음이어서 그들의 모습이 매우 낯설게 느껴졌고 그들이 사용하는 언어도 마치 외계어처럼 들렸다. 그렇게 스치듯 지나쳤던 에티오피아 참전용사들을 다시 만나게 될 줄은 꿈에도 생각하지 못했다.

에티오피아는 아프리카에서 열 번째로 넓은 땅을 가진 나라이며 대륙 동북부의 고산지대에 위치하여 4천 미터가 넘는 산이 스무 곳이고 3천미터급이 아홉 개나 된다. 적도 가까이에 위치하지만 국토 대부분이 고산지대여서 평균기온이 16도 내외로 적당하다. 수도 아디스 아바바는 남쪽에 여덟 개의 호수가 펼쳐진 아름다운 도시이다. 237대까지 이어진 왕조국가 에티오피아는 하일레 세라시(Haile Selasie) 황제에 이르러 왕조의 맥이 끊기게 된다. 1974년 세라시 황제의 통치능력이 점점 약해지고 북부 저지대에 흉년마저 겹치면서 쿠데타가 일어나 멩기스투 정부가 들어서게 된다. 1977년 멩기스투 하일레 마리암(Mengistu Haile Mariam) 중령에 의해 사회주의 군사독재정권이 수립되었지만 에리트리아 독립전쟁과 소말리아와의 군사충돌이 계속되면서 1980년대 중반 100만여 명의 난민이 피난을 가는 지경에 이르게 된다. 이후 1990년대까지 800만 명 이상이 난민생활을 하며 아사상태에서 신음한 가슴 아픈 사연을 가진 나라이다.

"유엔군으로 참전한 나라들은 우리가 알기로는 잘사는 나라들이었습니다. 그런데 에티오피아는 잘 모르지만 잘사는 나라라고 배운 일이 없습니다. 우리 땅에 와서 싸워야 할 까닭이 있던 나라도 아닙니다. 한 달도 넘게 걸리는 바닷길을 따라서 우리 땅을 밟은 청년 군인이 6천여 명입니다. 그 때는 미처 몰랐지만 아프리카의 더운 나라에서 온 그들이 한반도의 겨울을 지내는 동안 얼마나 추웠을까요(사랑의 빵을 들고 땅끝까지)!"

한국전쟁이 발발하고 유엔이 참전을 선언하면서 머나먼 아프리카 땅 에티오피아에서 젊은이 6,037명이 참전하게 된다. 이들은 모두 왕실 근위대인 강누부대 장병들이었는데 '강누(Kangnew)'는 에티오피아어로 '초전박살'이라는 뜻을 가졌다. 이들을 이름처럼 253전 253승이라는 놀라운 기록을 남기며 한국전쟁에서 활약했다. 그 뿐 아니라 본인들의 봉급을 모아 '보하원'이라는 보육원을 도왔다고 전해진다. 이들 중 121명이 전사했고 536명이 부상을 입었다.

전쟁에서 살아 돌아갔지만, 조국은 그들을 반기지 않았다. 1977년 쿠데타로 집권한 멩기스투 정부가 대한민국의 자유수호를 위해 싸운 왕실 근위부대 출신 유엔군 참전 용사들을 좋아할 리 없었다. 이들은 정치적, 사회적으로 박해받고 도시외곽 지역으로 추방당했다. 월드비전 한국이 아프리카의 첫 번째 원조국으로 결정하고 지원하기 시작하던 1992년의 에티오피아는 14년 간의 군사정부가 끝이 나고 사회주의 노선을 표방한 정부가 수립되던 시기로 여전히 어지럽고 불안한 상황 속에 있었다.

에티오피아의 수도 아디스 아바바의 외곽 구릉지대 웨레다 케벨데 지역에는 코리안빌리지(한국촌)가 있다. 이곳은 추방당한 참전용사들이 집단으로 살아온 곳인데 1990년대 초반 천여 명의 참전용사들이 모여 살고 있었다. 현재 살아있는 한국 참전 군인은 채 2백 명이 되지 않고 그들의 자녀와 손자, 손녀들이 그 곳을 지키고 있다. 이제 80대 후반의 노인이 된 그들은 한 달에 오천 원 가량의 연금으로 생활하고 있다고 했다. 1992년 그가 참전용사회의 사무실에 들어섰을 때 빛바랜 전쟁 사진들을 보고서 마음이 뜨거워졌다. 잊고 있던 첫 번째 전쟁 6·25, 그 포화 속에서 자신과 함께 전장을 누볐던 피를 나눈 동지들의 모습이 그곳에 그대로 있었다. 지금은 백발의 노인이 되었지만 사진 속에는 20대의 파릇파릇한 젊은이의 모습이었다.

그해 7월 그는 월드비전 아프리카 후원사업을 에티오피아에서 시작하기로 결정했다. 그 동력은 물론 사랑의 빵 모금이었다. 모금이 상승세를 타 한해 동안 100만 개의 저금통이 배부될 것으로 예상되었다. 사업비 5억 원을 책정하고 에티오피아 한국촌을 돕자고 외치고 다녔다. 머나먼 이국 땅의 자유수호를 위해 기꺼이 목숨을 바친 피를 나눈 형제의 나라 에티오피아 참전용사들! 마침내 도움을 받던 나라 한국이 아시아를 넘어 저 멀리 아프리카의 검은 대륙에 사랑의 빚을 갚는 순간이었다.

"언제 이 에티오피아가 빈곤과 기아, 질병과 무지의 혼탁한 늪에서 해방의 기쁨을 맞을지 알 수 없습니다. 그러나 한 가지는 분명합니다. 우리 민족은 너무나 큰 사랑의 빚을 반세기 전에 졌고 오늘 우리가 그들을 도울 수 있습니다. 그 부채를 갚기 위해 우리는 가야 합니다. 빚을 갚는 동안 그들의 고통을 조금이라도 덜어 주고 함께 울고 웃는 나눔을 실천해야 합니다(사랑의 빵을 들고 땅끝까지)."

# 체르노빌, 이곳에도 우리 핏줄이

"어떻게 그 수려한 땅이 전쟁 무기의 창고처럼 되어버렸는지는 하나의 수수께끼입니다. 구소련 시대에 만들어진 전략 핵탄두 1,408개가 우크라이나에 포진되어 있었습니다. 유엔의 한 보고서에 의하면 100만 개의 지뢰가 우크라이나 땅에 숨겨져 있었습니다. 냉전 시대에 인류의 두뇌는 불덩이처럼 뜨거워져서 미친 사람처럼 핵과 화학 무기를 생산하고 배치했습니다. 핵발전이야 군사 시설이 아니라고 하지만 심각한 환경 문제로 세상을 시끄럽게 해왔습니다. 그러다가 이 청천벽력 같은 재앙이 체르노빌의 푸르고 맑은 땅과 강을 뒤흔들었습니다. 아비규환이나 아수라장을 방불케하는 참극이었습니다(사랑의 빵을 들고 땅끝까지)."

1993년 봄, 우크라이나에서 간절한 SOS를 보내왔다. 체르노빌에서 일어난 핵발전소 폭발사고로 인해 2천5백명이 목숨을 잃고 13만 5천 명이 강제 퇴거당하는 등 57만 명이 피해를 입은 지 7년이 지난 시점이었다. 체르노빌 뿐 아니라 인근 지역에도 핵 오염이 만연하여 500만이 넘는 사람들이 공포 속에서 살고 있었다. 물, 공기, 채소, 축산물 등 모든 환경이 오염되어 새로운 환자들이 계속 생겨나고 있었다.

우크라이나가 독립한 것이 1991년 8월이니 당시는 아직 신생국가였고 우리에게도 옛 소련의 한 부분으로만 알려졌을 뿐, 우크라이나가 어

체르노빌 원전사고로 피폭된 한인교포 가정을 방문한 이윤구 회장

떤 나라인지, 체르노빌에서 왜 핵 사고가 일어났는지 자세히 아는 사람
은 많지 않았다. 우리 정부가 수교를 맺고 대사관을 설치한지도 얼마 안
되었던 때였다.

　우크라이나는 국토면적이 우리 한반도의 3배 가량 되지만 인구는 당
시 5천만이 조금 넘는 수준으로 남북을 합한 것보다 적은 인구를 가졌
다. 남부에는 흑해와 아조브해 사이에 크리미아 반도가 관광지로 유명
하고 서부에는 장엄한 카르파치아 산맥이 둘러져있어 석탄, 철강 등 풍
부한 지하자원으로도 유명하다. 그뿐인가! 우크라이나 대평원은 밀과
옥수수의 대규모 생산이 가능한 곳으로 가히 유럽의 곡창지대라 불릴만
큼 풍요로운 나라였다.

우크라이나 체르노빌 발전소 현장에서 원전 근로자들과 함께

　우리와 공통점이 있다면 지정학적 위치로 인해 막강한 소련의 영향
하에 수많은 외세의 침공을 당해왔다는 점이다. 오랜기간 몽골, 폴란드,
리투아니아, 터키 등의 공격을 받았고 내란도 수시로 일어났다. 1차 세
계대전 직후 우크라이나 공화국으로 독립하지만 곧이어 주변국들이 침
략해 영토를 분할 점령하더니 1922년에는 소비에트사회주의공화국연
방이 되었다. 2차 세계대전 때는 7백만에 이르는 생명이 목숨을 잃었다.
1944년 소련 군대가 다시 진주하면서 체포와 감금, 즉결 처분과 국외 추
방으로 국민의 삶은 갈갈이 찢어지고 말았다.

　1993년 6월, 체르노빌 원전사고 현장을 찾았을 때, 발전소 간부들이
눈물을 글썽이며 그를 반갑게 맞아주었다. "한국에서 처음 찾아온 손
님"이라고 했다. 그들에게 뭐라고 인사를 건네야 하나, 방명록에 뭐라고

써야 이 아픈 마음을 전할 수 있을까 고민하고 있던 순간, 안내자가 그에게 자리를 떠날 것을 명령했다. 방독옷과 마스크를 썼으니 좀 더 이곳에 있겠다고 했으나 막무가내였다. 방사능 오염도가 너무 높아 시간을 지체했다가는 일행 모두가 피폭의 위험이 있다고 경고했다. 키에브 시내의 호텔에 묵는 동안에도 대사관 직원들이 채소나 계란 등을 먹지 못하게 할 정도였다. 마시는 물, 공기 등도 오염되어 안전을 보장할 수 없다고 했다.

"아직 시커먼 건물 골조가 그대로 남아있는 제4호 원자로는 마치 우리를 향해 무슨 말을 하려는 듯 했습니다. 듣고 싶었습니다. 몇 시간이고 기도하며 체르노빌의 교훈을 경청하고 싶었지만 그럴 수가 없었습니다. 살아남은 사람으로 얼굴을 들고 서 있기에 부끄러웠습니다(사랑의 빵을 들고 땅끝까지)."

체르노빌 사고 이후 많은 나라들이 방사능에 오염된 환자들을 돕기 위해 나섰다. 이스라엘은 유태인 환자들을 자국으로 데려가 치료하여 돌려보냈고 유럽의 많은 나라들과 미국, 캐나다 등지에서도 동참했다. 한민족의 피를 이어받은 8천여 명은 여기서도 소수민족으로 설움을 받고 있었다. 선교사 몇 분이 월드비전에서 한인 가족을 도와줄 수 있겠냐고 뜻을 전해왔다.

그렇게 방문하게 된 가정에서 한 어린이를 만났다. 피부색은 하얗다 못해 말갛게 창백했고 연신 기침을 해대던 아이. 아이의 아버지는 50대 초반으로 보이는 교포 3세였는데 자신을 '청송 심씨'라고 소개했다. 이

체르노빌 원전사고 피폭 피해아동과 그 가족들

가정에는 나라를 잃고 두만강을 건너 소련 땅으로 이주해갔던 슬픈 역
사가 새겨져 있었다. 연해주에서 다시 스탈린의 카레이스키 강제이주정
책으로 중앙아시아 철도의 화물칸에 실려 짐승처럼 이주당한 3대에 걸
친 비극이 그것이다. 심씨는 소련군 탱크연대의 장교를 지내고 넉넉하
진 않지만 군인연금으로 단란하게 살고 있던 평범한 가장이었다. 그러
던 중 눈에 넣어도 아프지 않을 막내딸이 방사능에 노출되면서 평범한
일상은 산산조각이 나버렸다. 심씨는 자신이 소련군 시절 아끼던 군인
모자를 그에게 선물로 주면서 애원했다. 아마도 심씨에게 있어 가장 소
중한 물건이었을 터였다.

"우리나라를 전혀 모릅니다. 말도 다 잃었습니다. 다만 한 가지를 아직 잊지

않고 기억합니다. 제가 청송 심씨라는 사실은 조부모와 부모에게서 물려받아 알고 있습니다. 그것 뿐입니다. 그래서 부끄럽습니다. 내 딸을 청송 심씨의 나라 대한민국에 데려가서 맑은 공기, 좋은 채소를 먹게 하고 건강을 되찾게 해주세요. 민족의 사랑으로 말입니다(심씨의 말, 사랑의 빵을 들고 땅끝까지)."

교민대표 30여 명이 모인 자리에서 그는 덜컥 약속을 하고 만다.

"지난 며칠 동안 사람으로는 보지 못할 비극을 보았습니다. 특히 한민족의 후예들이 겪고 있는 모진 고통을 듣고 보고 함께 느꼈습니다. 한국에 돌아가서 제가 할 수 있는 일이 있겠는지 모르겠습니다. 몇 달 안에 어린이 감염자들을 몇 명이라도 초청해보려는 의지는 있습니다. 새로운 일이어서 또 돈이 꽤 많이 들어가는 사업이어서 지금 제게 아무 준비는 없지만 힘써 보겠습니다(사랑의 빵을 들고 땅끝까지)."

한국으로 돌아와 먼저 월드비전 소식지에 글을 써 우크라이나의 아픔을 알렸다. 설교나 강연, 방송의 기회를 만들어서 힘이 닿는 대로 체르노빌의 이야기를 소개했다. 다만 몇 명의 아이들이라도 우리나라로 오게 했으면 좋겠다는 절실한 마음을 몇 주간 가능한 모든 매체를 통해 내보냈다. 철저한 진단, 건강한 음식, 맑고 깨끗한 공기, 한국의 높다란 가을 하늘을 느끼게 해주자고, 모국의 사랑을 베풀어주자고 눈물로 호소하고 다녔다. 실제로 방사능에 노출된 어린이들이 한 달만 요양을 하면 몸속의 핵오염 물질이 60에서 70퍼센트나 제거된다는 연구결과가 있었다.

"처음으로 해보는 일이어서 참 힘이 들고 신경을 많이 썼습니다. 혹시 어린이들 가운데 우리 나라에 와있는 동안 몹시 아프다가 갑작스레 세상을 떠나는 변고가 있지는 않을까 충심으로 걱정도 되었습니다. 오고가는 먼 항공여행을 잘 감당할까도 염려스러웠습니다. 그러나 선한 일이니까 강행을 했습니다(사랑의 빵을 들고 땅끝까지)."

비용을 계산해보았다. 한 명의 아이가 한달 동안 진료하고 요양하는데 필요한 돈은 200만원, 교회 한 곳이, 모임 하나가 한 명의 교포 어린이를 책임지자고 호소했다. 사업비 1억 2천만 원을 예산으로 책정하고 모금에 나섰다. 그 결과 기적과도 같이 2주만에 목표액이 채워졌다. 이로써 월드비전 한국이 해외의 교포 어린이를 초청한 최초의 사업이 실행되었다. 8월 한 달간 61명의 우크라이나 어린이들이 한국으로 와 충분한 치료와 건강한 요양서비스를 받고 돌아갔다. 되찾은 건강 만큼이나 그들 마음 한 곳에 따뜻한 고국의 정을 느끼고 갔을 것이다.

"공항에서 손을 흔들며 떠나는 그들의 활짝 웃는 얼굴에서 저는 그들이 평생토록 한민족의 후예임을 자랑스럽게 생각하며 살아갈 것을 확신할 수 있었습니다. 하지만 우리가 얻은 소득이 훨씬 더 컸습니다. 사업에 참여한 후원자들이 핵무기와 핵발전소에 관한 새 지식과 해외 교포에 대한 새로운 인식을 갖게 된 것이 얼마나 귀중한 교육이었는지 모릅니다. 남을 돕는 일은 나의 삶을 기름지게 하고 결국은 나 자신을 돕는 것임을 알고도 남는 사업이었습니다. 한민족이 지구촌으로 뛰어나가 세계를 알고 세상의 일을 앞장서서 감당해 나가는 훈련을 알차게 받는 기회였습니다(사랑의 빵을 들고 땅 끝까지)."

# 기꺼이 굶는 이상한 사람들 '기아체험 24시간'

"금식이 갖는 깊은 목적은 이 타락한 시대에 대한 반성과 참회, 바로 그것입니다. 굶주리는 사람의 고통에 동참하는 의식은 아주 초보적인 것입니다. 하지만 그것은 또한 나누지 않는 풍요를 부끄러워 할 줄 모르고 내가 하나를 더 가지려 할 때 지구촌 어딘가에서 누군가 하나를 잃어야 하는 진리를 깨닫지 못하는 현재의 우리에 대한 작은 성찰이기도 합니다. 조금 깊이 생각하면 금식은 과대한 소비, 비만에 이르는 과식, 상식을 벗어나는 낭비의 음식 문화, 화려한 파티 풍습 같은 현대의 죄악을 참회하고 인간 본연의 절제와 소식(小食)으로 돌아가는 정신입니다. 모금사업이기 전에 사회정신 혁명운동이라고 저는 믿었습니다 (사랑의 빵을 들고 땅끝까지)."

월드비전 한국의 모금 프로그램은 크게 셋으로 나눌 수 있다. 첫째, 결연후원은 후원자와 후원아동 및 가정을 1:1로 연결하여 후원하는 방법으로 6·25 당시 전쟁고아를 미국교회와 연결하면서 밥 피얼스 목사에 의해 시작되었다. 둘째, 사랑의 빵 저금통 후원은 빵 모양의 저금통에 가장 연약한 작은 동전을 모아 후원하는 것으로 미국에서 시작되었으나 한국에서 폭발적인 모금성과를 가져온 방법이다. 셋째, 기아체험 24시간(24 Hours Famine)은 굶주리는 제3세계 어린이들을 생각하며 금식하고, 굶는 동안의 음식값을 가족과 이웃에게 후원하는 방법으로 호주에서 시작되어 전 세계 월드비전으로 확대된 모금 방법이다. 이 역시 한

기아체험 24시간 - 올림픽 경기장에서 난민체험 중인 청소년들

국에서 모금운동의 새로운 지평을 개척하는 방법으로 자리매김하게 된
다. 지금의 월드비전 한국이 안정적인 후원모금이 가능해진 데는 두 번
째, 세 번째 모금을 시작한 이윤구의 공이 매우 컸다.

사랑의 빵으로 해외지원사업의 규모가 커지게 된 월드비전 한국은 이
를 좀더 확대해야 할 필요성을 느끼고 있었다. 직원들과 머리를 맞대고
고민하던 중 '40 Hours Famine'을 알게 되었다. 기아체험 40시간이라는
모금운동은 1970년대 중반 호주와 뉴질랜드에서 시작되어 이후 선진국

올림픽체조경기장에 모여 기아체험 24시간 운동에 참여중인 청소년들

가들에서 상당한 호응이 있었다. 훼민(Famine)은 기근, 기아, 혹심한 굶주림을 뜻하는 낱말로서, 제3세계 영양실조로 고통받는 이웃들을 위해 그 고난에 동참해 보자는 적극적인 행동인 동시에 우리들과 굶주린 이웃이 함께 사는 길을 찾아보자는 교육문화운동이기도 했다.

서구에서는 주로 40시간 동안 굶는 방식을 택했는데, 우리 사회의 문화와 정서 상 40시간은 너무 길고 딱 하루, 24시간을 굶어보는 것이 어떻겠나 하는 생각이 들었다. 그래서 행사명을 '훼민(기아체험) 24시간'으로 하고, "이제 당신은 한 생명을 구할 수 있습니다. 친구를 위해! 친구와 함께!"로 구호를 정했다. 하루만 안 먹고 그 고통을 이기면 그 값으로 수십 명, 아니 수백 명의 생명이 굶지 않을 수 있다는 메시지였다. 주요 대상은 청소년으로 정했다. 기근과 질병, 영양실조의 문제가 얼마나 심각한지 미래의 주역인 청소년들이 알아야 하고 그것이 세계 시민이 되는 첫걸음이라고 믿었다. 또한 자녀들의 아름답고 거룩한 굶기 행동을 보고 그냥 두고 볼 부모는 없다고 확신했다. 청소년들에게 체험을 통한 지구촌 공동체 교육을, 부모들에겐 후원의 기회를 주자는 생각이었다.

다른 나라의 훼민운동과 차이점은 이를 방송 프로그램과 연결하여 ARS모금을 이끌어낸 점이다. 청소년들에게 친숙한 연예인들을 초청하여 24시간 동안 즐겁게 굶는 캠프를 열고 이를 방송으로 송출하자는 아이디어였다. 생방송이 송출되는 동안 TV 앞에 있는 전국의 시청자들이 간접적으로 훼민을 경험하고 ARS로 모금에 참여하는 획기적인 방법이 도입되었다. 지금은 ARS모금이 매우 흔한 시절이나 모바일폰이 보급되기 전, 삐삐와 시티폰이 사용되던 90년도 초반에는 집전화를 들어 1천 원, 2천 원의 후원금을 보내는 실시간 소통 모금이 가히 충격으로 다가왔다. 그는 역시나 설교와 강연, 신문 기고와 방송 출연의 기회를 마다 않고 기아체험에 동참해 줄 것을 호소했다. 기독교계, 교육계, 방송계에 이르기까지 열 일을 제쳐놓고 뛰어다녔다.

1993년 10월 30일 오후 6시, 서울 올림픽체조경기장에는 기적같은 일이 벌어졌다. 24시간을 기꺼이 굶으려는 오천여 명의 청소년들이 전국에서 모여든 것이었다. 과일주스와 물을 한 잔씩 나누어 마시고 금식이 시작되었다. 경기장을 가득 메운 청소년들의 젊음과 열기가 후끈 달아

올랐다. 개회식을 시작으로 24시간이 지루할 틈 없이 공연, 토크쇼, 영화상영 등이 이어졌다. 고픈 배를 움켜쥐고 기상한 다음날 아침, 일부 부모님의 걱정과는 달리, 청소년들은 질서 정연하게 그리고 즐겁게 배고픔을 견디어내고 있었다. 1995년에는 SBS가 합류하여 95분간 '기아체험 24시간'을 실시간으로 방영했고, ARS를 포함한 모금 참여자수는 40만 명, 현장캠프 참여자 1만 명의 기록을 세웠다. 하루 동안의 모금액만도 3억 3천여 만 원을 넘어섰다.

"때마다 어김없이 풍요로운 식사를 대하던 어린이들이 한 때, 두 때, 세 끼니, 네 끼니를 아니 먹는 일은 쉬운 것이 절대로 아닙니다. 하지만 막상 금식을 시작하면 굶주림의 뜻을 잠깐이라도 느끼게 되어 남을 돕는 의미를 절감하게 됩니다. 실제로 훼민을 경험한 청소년들이 구제와 봉사에 앞장서 나가는 경우가 불길처럼 일어났습니다(사랑의 빵을 들고 땅 끝까지)."

기꺼이 굶는 사람들, 즐겁게 금식하면서 배고픈 이웃의 아픔에 동참하는 청소년들을 보며 나눔의 문화가 미래세대를 변화시켜 주기를 간절히 바란 그였다. 세상을 떠나기 몇 개월 전, 그는 마지막 순간에도 젊은 이들에게 이웃의 고난에 동참할 것을 당부했다. 바로 '고난이 삶을 기름지게 만드는 제일 중요한 텃밭'이라는 생각 때문이었다. 빛은 어둠으로부터 나오며 어둠이 있을 때 빛이 의미가 있다는 역설적인 진리를 믿기 때문이었다. 만일 인생에서 좋은 열매를 맺고 싶다면, 나를 진정으로 살리고 싶다면 꼭대기 1%가 아니라 고난의 자리로, 'The Bottom Billion-밑바닥 10%의 최저개발국'으로 달려갈 것을 주문했다.

"낮은 데로, 제일 낮은 지구촌의 밑바닥으로 가세요. 뒤로 돌아 서서, 뛰고, 헤엄을 치고 하늘을 날아서 저 검은 대륙으로 가세요! 중남미 정글로 가세요! 가서 먹이세요! 입히세요! 가르치세요! 70억이 함께 살 집을 지으세요. 하나님께서 기뻐하실 산 제물이 되세요. 세상이 여러분을 하늘나라의 천사로 존경할 것입니다. 여러분이 행복할 것입니다(한동대학교 학위수여식 강연 중에서, 2012)."

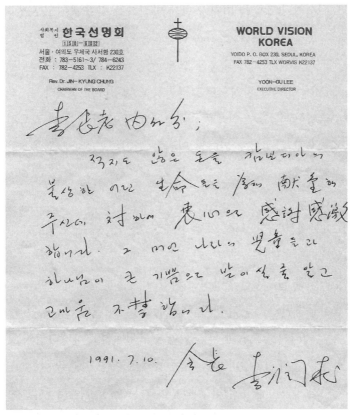

후원자였던 동서 이준환 장로에게 보내는 감사편지

# 긴급구호를 넘어 지역개발 장기 프로젝트로!

월드비전을 통해 이룬 모금의 기적 덕분에 많은 사람들이 그를 모금 전문가로 알지 모르나 사실 그는 뼛속까지 사회복지사였다. 모금과 사업은 동전의 앞뒷면과도 같이, 때로는 수레의 양쪽 바퀴처럼, 서로 앞서거니 뒤서거니 영향을 미치며 함께 발전하는 것이 옳다고 보았다. 그의 모금활동을 지켜보면 한 가지 공통점을 찾을 수 있는데 도움이 필요한 곳, 즉 사업의 지역과 내용을 먼저 결정하고 그 목적에 맞는 모금처를 찾아 그에 적절한 방식으로 모금활동을 펼쳤다는 점이다. 모금은 그 쓰임이 분명할 때, 그 쓰임에 동의하는 사람들이 더 많이 더 적극적으로 더 정기적으로 참여하게 된다는 당연한 진리를 그는 오랜 구호활동의 경험을 통해 알고 있었다.

월드비전에서의 첫 모금활동은 1991년 2월 1일 서울 소망교회에서 열린 취임식에서 이사 및 직원들의 성금 7백만 원을 모금한 일이다. 이날 행사에 참석한 월드비전 동아시아 지역 회장에게 캄보디아 프놈펜에 있는 국립아동병원의 어린이 환자들의 치료비로 써달라고 전달했다. 그는 늘 명확한 메시지로 모금과 사업을 함께 묶어냈고 해당사업의 모금목표액을 정확히 제시하였다. 누군가를 돕기로 마음 먹고 후원할 곳을 찾는 사람들에게 이만큼 확실하고 믿음이 가는 메시지는 더 없을 것이다. 그의 모금 성공의 비결은 바로 사업의 명확성에 있었다.

월드비전 한국은 1991년 10월 수혜국에서 후원국으로 획기적 전환을 천명하면서 폭발적인 모금활동과 함께 해외사업을 시작하게 된다. 1991년 이후 첫 단계에서는 아시아 지역의 4개국과 남미지역 1개국을 지원하기 시작하였고 이후 6년간 아시아, 아프리카, 남미, 태평양지역 등 22개국 47개 사업장으로 확대되었다. 이윤구가 월드비전 회장으로 재임하는 동안 월드비전 한국은 그야말로 도움을 받던 나라에서 주는 나라로의 대전환이 일어나던 시기였고, 월드비전 국제본부 역시 큰 변화를 겪게 되었다. 특히 사업에 있어서 대규모 지역개발사업의 도입은 전 세계 월드비전이 새로운 도전에 직면했음을 보여주는 것이기도 했다. 어찌보면 이 시기 월드비전 한국의 도전과 이윤구의 새로운 리더십이 전 세계 월드비전의 대전환을 이끈 마중물이 된 것일지도 모른다. 특히 대북지원사업에 대한 이윤구과 월드비전 한국의 시도는 전 세계를 뒤흔들기에 충분했고 꽁꽁 닫혀있던 이념의 철창을 열 작은 단서를 전 세계 시민의 마음 속에 던져넣는 계기가 되었다. 이에 대해 '월드비전 50년 운동사'를 집필한 민경배 교수는 다음과 같이 기록했다.

"그는 재임 중에 사랑의 빵이라든가 훼민 24 같은 캠페인 프로그램을 개발하였으며, 행정의 전산화를 시작하고 직원의 소명의식과 철저한 영성화 및 전문화를 이룩하였으며 해외사역의 범위를 아시아, 아프리카 그리고 남미, 동구권까지 미치게 하는 엄청난 업적을 남겼다. 하지만 그의 특별한 공로는 처음으로 한국선명회가 북한을 돕는 길을 트기 시작한 것과 그 역사 전환기적인 공헌에 있다고 함이 옳을 것이다. 당시 일부 교류의 가느다란 틈이 보이기 시작한 것이 사실이지만, 북한과 담대하게 대좌하고 의논하고 그리고 구체적인 남북 대화를 실현할 수 있다는, 가능성을 확인시켜 준 것이 바로 이윤구 회장과 한국선명회였다(민경배의 글, 월드비전 50년 운동사)."

월드비전 사업의 흐름을 간략히 살펴보면, 1970년대 농어촌지역을 위한 지역개발사업(Community Development Project, CDP), 1980년대 도시 빈민을 위한 가정개발사업(Family Development Project, FDP)에 이어 1990년대에 이르러는 이 두 영역을 통합하면서 대단위 지역개발사업(Area Development Project, ADP)으로 확장되었다. 월드비전 한국이 해외원조를 끊고 자체 모금을 통해 해외사업을 지원하기 시작한 시기가 바로 대단위 지역개발사업이 시작되던 때였다. 전 세계 후원국들은 주로 결연후원을 통해 후원자와 아동을 1:1로 연결하여 정기적인 후원을 도모하였고 ADP 사업장의 결연아동 수 역시 사업장의 규모와 사업의 내용, 사업 기간에 따라 결정되었다. CDP, FDP는 결연아동 수가 400-500명 수준에 사업기간이 5년인데 반해 ADP는 결연아동 수 3,000-5,000명, 사업기간도 12-20년으로 길어졌다. 즉 대단위 지역개발사업은 지역사회에 기반을 두고 지속적인 변화를 도모하는 사업으로 확장하여 아동의 생존과 성장, 보건위생, 아동이 속한 가정의 생계유지, 지역사회의 학대와 착취로부터의 보호 등 지역의 근본적인 변화를 위해 다양한 사업을 다각도에서 펼치는 것을 의미한다.

회장 취임식부터 모금을 시작하고 해외아동돕기사업을 시작한 이윤구는 사랑의 빵을 모금방법으로 활용하여 긴급구호, 일회성으로 지원할 수 있는 사업을 구체화하기 시작했다. 해외원조를 받아 국내사업장

소망교회에서 열린 월드비전 회장 취임예배

에 분배하는 활동을 주로 하던 상황이라 당시는 모금구조가 안정적이지 않았을 뿐 아니라 해외사업을 구조화할 시간도 부족했기 때문이었다. 그는 취임식 후원금으로 캄보디아 국립아동병원을 지원하는 것을 시작으로 베트남 메콩강 수해복구지원, 방글라데시 수재민구호사업, 필리핀 화산피해복구사업 등을 진행했다. 주로 아시아지역의 긴급구호사업을 중심으로 해외사업을 시작한 후 1992년부터는 아프리카 지역으로 사업 대상을 넓혀 에티오피아와 모잠비크의 농업개발사업을 시작했다.

사랑의 빵, 기아체험 24시간 등 모금프로그램을 활성화시킨 후 1995년부터는 베트남, 방글라데시, 라오스, 짐바브웨, 에티오피아, 스리랑카

등 6개국 9천여 명의 해외아동을 국내의 후원자와 결연하였다. 1996년 한 해 동안만 해도 10개국 17개 사업장을 지원하였고 긴급구호, 지역개발 등 해외사업의 규모는 22개국 47개 사업장으로 확대되었다. 이를 지역별로 살펴보면, 아시아 지역이 54%로 177만 9,035달러, 아프리카 지역이 34%로 114만 5,484달러, 남미가 1%로 2만 달러, 중동과 동유럽이 4%로 11만 2,095달러였다(월드비전 50년 운동사).

20여년간 '지구촌 순례자'의 길을 걸어온 국제사회복지사 이윤구에게 월드비전 재임기간은 어떤 의미로 남아 있을까. 그의 6년은 어쩌면 20년의 순례길을 통해 얻은 깨달음과 각오를 모두 현실로 만들려는 몸부림이 아니었을까 생각해본다. 도움이 필요한 사람의 울부짖음에 모두 응답할 수 없었던 그 시절의 절망과 아픔을 월드비전을 통해 풀어내기라도 하듯, 그는 6년간 더 많은 나라를 방문하고, 더 많은 후원자들을 만나며, 더 많은 요청에 일일이 응답하면서 가히 기적이라 할 만한 일들을 모두 이루어내었다.

월드비전의 역사에 이윤구는 다음과 같이 기록되었다.

"스스로를 새 머슴이라 자처한 이윤구 회장은 1991년이 한국선명회의 두 번째 출애굽의 원년이라고 선언하였다. 그리고 우리가 가야 할 길을 출애굽에 비유하였다. 그 하나는 1-2년 안에 국외로부터 도움을 받지 않고 …… 독립을 이루어 나라 안팎에 우리의 정신적 성장과 재정의 확보를 내보여준다는 목표였다. …… 다른 하나 그가 강조한 것은 월드비전 운동의 뚜렷한 사역 지표였다.

그는 그것을 '두 계명, 한 복음'이라고 천명하였다. 주 하나님사랑과 이웃사랑 이 두 계명이고 그것은 결국 한 복음이라는 것이었다. 이것은 우리 월드비전 운동의 처음부터의 정신과 신념의 완곡한 재현이요, 확인이었다. 홀리스틱(holistic), 곧 통전적 사역의 확인이었다(월드비전 50년 운동사)."

월드비전의 역사를 새로이 쓴 그는 재임기간 6년을 정리하며 한 언론사와의 인터뷰에서 그동안 후원해준 한국교회에게 이웃사랑을 통해 성장보다 성숙에 힘써 줄 것을 간곡히 부탁했다.

"6년 동안 전체가 하나님의 사랑이고 은혜라고 봅니다. 17억 밖에 안되던 예

월드비전 설립자 밥 피얼스와 한국 전쟁고아들

산을 150억으로 끌어올린 것은 기적이라고 봅니다. 그것은 제가 잘나서라기 보다 한국교회 성도들의 절대적인 도움이 있었기 때문입니다. 선명회 회장이라는 자리는 참으로 힘들고 어려운 자리라고 생각합니다. 후임 회장에 관련해서 무엇보다도 24시간 헌신하는 사람이어야 한다고 봅니다. 언제 어느 곳에든지 필요한 곳이라면 갈 수 있어야 합니다. 또한 선명회가 모금으로 운영되는 기관인 만큼 교계나 사회복지계로부터 인정받는 인물이 필요합니다. 한국교회가 외형적으로 성장한 것은 사실이며 하나님의 크신 축복입니다. 그러나 외형적인 성장이 거의 병적으로 퍼졌기 때문에 이제는 교회의 내실과 성숙을 심도 있게 생각해야 할 때가 되었다고 봅니다(한국교회신문, 1996년 11월 3일자).”

# 르완다 SOS!

SOS는 세계 공통의 구조요청 신호로 알려져 있다. 이 신호를 들은 사람은 구조에 직접 나서든지, 구조대에 신고를 하든지 적극적인 구조활동에 나서야 한다. SOS를 모르는 사람은 없지만 그 유래와 뜻은 정확히 알려진 바가 없다. 다만 SOS를 모르스부호로 바꾸면 '... --- ...', 즉 짧게 세 번, 길게 세 번, 다시 짧게 세 번의 표시가 되므로 간결하고 판별하기 쉽게 위험을 알릴 수 있다는 점에서 구조신호로 사용하게 되었다는 설과, Save Our Soul, Save Our Ship 등 선박의 구조신호의 영문 머리글자를 딴 것이라는 설이 있다.

이윤구는 월드비전 한국이 돕는 나라가 된 후 첫 번째 긴급구호 프로젝트를 진행하면서 그 이름을 "르완다 SOS!"로 명명했다. 그는 여기서 SOS의 의미를 'Share Our Surplus'를 넘어 'Share Our Substance'로 나아갈 것을 제안했다.

"SOS를 'Share Our Surplus', 우리의 남는 물자를 가난한 이웃과 나누자는 구호로 많이 썼습니다. 하지만 먹고, 입고, 쓰다 남은 물자를 나누는 것은 자선은 될 수 있지만, 이런 선행만으로는 지구촌의 꺼져가는 생명들을 살려내는 대업을 달성하기에 역부족입니다. 'Share Our Substance'로 SOS의 정신을 혁명해야 합니다. 우리에게 꼭 필요하고 없으면 굶고 헐벗게 될지도 모를 필수적인

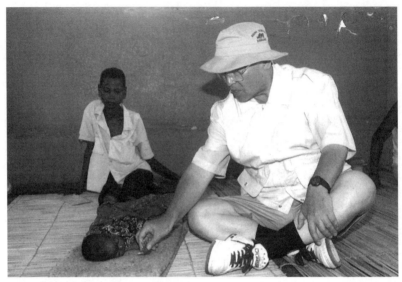

아프리카 사업장 방문
(짐바브웨 아동시설을 방문한 이윤구 회장. 아동시설 입소 아동의 80%가 에이즈 환자였다.)

양식과 의복과 생활비의 한 부분을 눈 딱 감고 떼어서 이웃을 돕는 마음이 참
으로 아름답고 귀한 SOS라고 믿고 그렇게 호소했습니다. 그런 갸륵한 마음으
로 남녀와 노소, 있는 자와 없는 자가 함께 르완다 SOS에 동참했습니다. 그 결
과, 한국은 그 참혹한 르완다를 돕는 제일 큰 나라들의 대열에 동참하게 되었
습니다(사랑의 빵을 들고 땅 끝까지)."

　먼 대륙 아프리카, 이름도 낯선 어떤 나라에 기근이나 내전으로 굶주
리는 사람들이 있으니 그들을 돕자고 하면, 요즘도 "우리나라에도 어려
운 사람이 많은데 굳이 먼 나라, 그것도 우리와 아무런 관계도, 교류도
없는 낯선 나라를 도와야 하나"라는 소리를 듣게 된다. 하물며 30년에는

어떠했으랴. 그가 월드비전을 통해 해외사업을 본격화하던 시기에도 해외사업을 둘러싼 이 같은 논란이 반복적으로 제기되곤 했다. 당시 우리나라는 급격한 경제성장의 결과로 주요 선진국 그룹인 OECD 가입을 코앞에 둔 상태였지만 세계시민으로서 시민의식의 성숙은 시간이 더 필요해 보였다.

르완다 내전 소식이 들려오자 그는 르완다를 돕자고 우리나라 후원자들에게 SOS 긴급구호 신호를 발송했다. 우리에게는 매우 생소한 이름 르완다, 뉴스에 비치는 르완다의 모습은 깡마른 채 배만 볼록하게 나온 어린 아이들이 몰려드는 파리를 쫓을 힘도 없이 흙바닥에 누워 죽을 날만 기다리는 그런 광경 뿐이었다. 도대체 아프리카의 내전과 기근이 이 땅에 사는 나와 무슨 상관이란 말인가! 지구촌 반대편에서 일어나는 일과 나와 우리는 대체 어떤 관계가 있는 것일까? 왜 그들의 일에 관심을 가져야 하는 걸까? 이윤구는 르완다와 짐바브웨에서 그 답을 찾고자 했다.

1994년 4월, 르완다 내전이 발발한다. 1962년 벨기에로부터 독립된 직후부터 30년이나 계속된 내전의 원인은 후투족(90%)과 투치족(10%)의 갈등 때문이었다. 4월 6일 대통령이 타고 있던 비행기가 반정부 유격대에 의해 추락하자 후투족 중심의 정부군이 투치족을 무차별 학살하기 시작했다. 한 달이 채 안되는 기간 동안 20만 명이 참혹하게 살해되었다. 220만 명의 난민이 인근 부룬디, 자이레, 탄자니아, 콩고 등지로 망명과 피난을 하게 되었다. 총인구가 750만에 불과한 나라에서 말이다.

내전이 진전되는 기미 없이 피해가 계속 늘어나자 4월 21일 2,500명의 유엔 평화유지군마저 비상요원만 남기고 철수하게 된다. 유엔이 떠난 후 르완다는 그야말로 아비규환, 동족상잔의 지옥이 되고 만다. 많은 국제기구들도 속수무책이었다. 5월이 되자 르완다의 주요 강과 호수가 시체더미로 오염되었고 콜레라와 이질 등 수인성 질병으로 목숨을 잃는 어린이들의 수가 기하급수적으로 늘어갔다. 월드비전은 내전이 한창이던 5월 초 위험을 무릅쓰고 르완다 구호활동을 개시한 첫 국제기구로 알려져 있다. 먼저 긴급히 콜레라 방역작업을 시작하고 1만여 가족들에게 20리터짜리 큰 물통을 나누어주는 일을 시작했다.

해외후원을 시작한 지 얼마되지 않은 한국이었지만 이윤구는 르완다 SOS작전의 시작을 알리며 8억 원의 모금목표를 정했다. 8월이 되어 긴급히 모금한 2억을 들고 현지를 방문할 계획을 세웠다. 르완다 SOS작전이 성공하려면 현지의 상황을 직접 둘러보고 돌아와야 홍보와 모금을 더 적극적으로 할 수 있다는 이유에서였다. 월드비전 친선대사인 김혜자, 박상원 등 유명 탤런트들이 위험하고도 힘든 여정에 함께 하기로 했다. MBC와 중앙일보 기자들도 합류하여 르완다의 현 상황을 생생하게 알려보기로 했다.

르완다의 수도 키갈리(Kiali)에 월드비전이 지원하는 응급병원을 방문하는 날이었다. 아침 일찍부터 병원 앞에는 수백 명의 주민들이 줄을 서서 기다리고 있었다. 병원장이 나와 이윤구와 일행들에게 기다리고 있는 환자들을 소개하며 현재 어떤 병을 앓고 있고 어떤 어려움이 있는지 설명하기 시작했다. 그는 한 어린이 앞에 멈추어 섰다. 아무런 반응도 보이지 않고 마치 죽은 사람이 서 있는 것 같은 아이, 눈에 생기가 하나도 없이 얼굴을 숙이고 있었다. 아이의 이름은 밥티스테 엔데지 군이며 나이는 열 살이라고 했다. 의사의 이야기로는 큰 충격을 받아 말을 잃었다고 했다.

"갑작스레 집에 몰려온 적군이 부모와 8남매 모두를 칼로 뒷머리를 쳐서 쓰러뜨렸다고 합니다. 어린 소년은 조금 상처가 덜 심해서 살아나긴 했어도 그 광경을 보고 실어증이 생겼습니다. 저는 어린 생명을 하늘이 긍휼히 여기어서 다시 말을 하고 밝게 살게 되기를 빌며 소년의 머리에 손을 얹고 기도를 했습니다. 한국에서 네 나이의 많은 벗들이 굶으며 네 고통에 동참하고 너를 위해 사랑을 보내고 있으니 고개를 들고 말을 좀 해보라고 호소했습니다. 그 기도 속에서 기적 같은 일이 있었습니다. 갑작스레 큰 울음소리가 터져 나왔습니다. 말을 잃었던 소년이 이렇게 소리를 처음 내기 시작했습니다(사랑의 빵을 들고 땅 끝까지)."

인간 사회에서 다시는 있어서는 안 될 생명 천대, 대량학살, 전염병의 만연, 미움과 불신 때문에 피로 물든 산하, 피난민캠프에 몰려든 수많은 사람들, 한끼 구호죽을 먹기 위해 길게 늘어선 사람들의 행렬이 고스란히 화면과 지면에 담겼다. 귀국 후 MBC '아침만들기' 프로그램을 통해 생생한 르완다 참상이 방영되었고 이후 한 달여 만에 모금목표액을 달성하게 되었다.

한 사람의 후원이 전 세계 전쟁과 기근을 막을 수는 없다. 8억원으로 르완다의 비극을 모두 치유할 수도 없다. 월드비전 하나의 조직이 어렵고 힘든 나라 모두를 도울 수도 없을 것이다. 전 세계가 경험하는 문제들이 그 규모가 너무 크고 복잡한 원인이 작용한 결과이기 때문에 우리는 자칫 '과연 내가 무얼 할 수 있을까' '대체 무엇을 바꿀 수 있을까' 회의에 빠지기 쉽다. 그러나 실제로 커피 몇 잔의 금액이 한 아이의 삶을 바꾸는 것을 그는 목격해왔다. 내 존재 자체가 누군가에게 큰 선물이 될 수 있음을 깨닫는다면 나의 존재로 서로를 위로할 수 있음을, 모든 것을 바꾸지는 못해도 누군가의 인생을 조금은 변화시킬 수 있음을 그는 누구보다 잘 알고 있었다. 후원자와 함께 방문한 짐바브웨에서도 그 장면을 직접 목격할 수 있었다.

**아프리카 남단 짐바브웨의 늦여름.** 그러나 태양의 열기는 여전하다. 짐바브웨 제2의 도시 블라와요를 출발해 160km를 달려서 도착한 곳이 므벰베스와나 사업장이다. 이곳에서 호주와 캐나다 월드비전에서 지원하는 사업장과 지하수를 이용하여 개간한 농장 축산물을 위한 저수지, 한국 월드비전과 결연된 200명의 아동이 다니고 있는 학교를 차례로 방문했지만 내 마음 속엔 온통 한국 월드비전 지원 사업장에 소속된 아동 중 내가 개인적으로 후원하고 있는 나의 결연아동인 두베 사킬리(Dube Sakhile)를 만날 기대가 가득했다.

드디어 흙먼지 길 도로를 벗어나 미니밴이 들어가기 힘든 관목 숲을 헤치고 10여분을 달리자 길도 없는 숲속에서 갑자기 갈대 잎으로 지붕을 엮은 흙집이 나타났다. 1년 전 월드비전 국외아동 결연프로그램을 통해서 인연을 맺게 된 두베가 사는 집이다. 우리 나이로 12세, 여자 아이, 부모와 세 명의 형제자매가 있고 집안일을 잘 돌본다는 아이, 키 116cm, 체중 18.3kg, 발육이 좋지 않다는 것이 내가 알 수 있는 정보의 전부였다.

얼마 전까지만 해도 까마득한 곳에 떨어져 생전에 만날 수 있을까 상상도 못했는데 월드비전 스터디투어를 통해 국외사업장 방문팀에 끼어 결연아동을 직접 만나게 되다니, 형언할 수 없는 기쁨과 흥분이 가슴 속에서 벅차오른다. 처음 만나서 무슨 얘기를 할까? 어떤 표정을 지을까? 어떻게 안아줄까? 서울에서 가져온 선물을 두베가 좋아할까? 일행과 함께 마당에 들어서자 내 앞에 새까만 어린이 하나가 서 있다.

1년 동안 거의 매일 사진으로 들여다 본 모습과는 전혀 다른 얼굴이었다.

오제신 후원자, 정영숙 친선대사와 짐바브웨 사업장을 방문하여 결연아동을 만나고 있는 이윤구 회장

얼굴도 작고, 키도 작고, 더욱 새까만 모습, 찢어지고 더러운 천조각으로 아래만 가리고 있는 어린이가 서있었다. 처음 보는 동양인들에 당황하고 있는 표정, 서울에서 온 후원자와 아프리카 뜨거운 태양과 관목 숲에서 가난하게 자란 발육부진의 결연아동과의 만남은 이렇게 당혹함과 어색함의 눈빛을 교환하면서 시작됐다.

함께 찾아간 일행들과 카메라맨들의 환호와 박수를 받으며 나는 서울에서 정성 들여 준비해온 선물을 두베의 작은 가슴에 안기고 카메라 앞에 섰다. 그제야 대강 눈치를 챈 두베의 병든 아버지와 당황하는 어머니가 나타나 인사를 나누고 함께 가족사진을 찍었다. 그리곤 참새 같은 두베의 조그만 몸을 내 가슴에 꼭 안았다.

사랑은 가슴과 가슴으로만 통하는 것, 두베 가슴의 더운 피와 할딱거림이 내 가슴속으로 스며듦을 느낄 수 있었다. 참으로 오랜만에 맛보는 만남이었고 만남이 주는 감격이었다. 잠깐의 시간 동안 함께 손을 잡고 그가 사는 집과 방안을 둘러보고 우리는 다시 헤어짐의 순간을 맞아야 했다. 문득 지갑 속에서 내 명함 사진을 한 장 꺼내 손에 쥐어 주자 사진과 내 얼굴을 번갈아 바라보면서 그때서야 처음으로 편한 표정을 지으며 나를 향해 빙긋이 웃음을 띤다.

(오제신 후원자의 글, 월드비전 소식지 1994, 3·4월호)

"Let my heart be broken by the things that break the heart of God.
하나님의 마음을 상하게 하는 것들로 인하여 내 마음도 상하게 하소서."

월드비전 설립자 밥 피얼스 목사 기도문의 일부이다.

미국에서 유명 부흥사로 살던 밥 피얼스가 한국의 전쟁고아들을 보면서 마음이 상하지 않았더라면 월드비전은 탄생하지 않았을 것이다. 에티오피아에서, 방글라데시에서, 르완다에서, 성남의 판자촌에서 만난 아프고 가난한 사람들을 보면서 이윤구의 마음이 상하지 않았더라면, 수많은 후원자들의 마음이 상하지 않았더라면, '한국의 오병이어, 사랑의 빵'의 기적은 일어나지 않았을 것이다. 타인의 아픔을 나의 아픔으로 느끼고 오늘 있는 자리에서 할 수 있는 일을 하는 것이 변화의 시작이요, 모두가 행복한 지구촌을 만드는 출발점이 될 것이다.

# 지역사회복지관 중심 국내사업의 안정화

월드비전의 국내사업 역시 1990년대 들어서면서 큰 변화를 맞이한다. 한국전쟁 이후 사업의 대부분을 차지한 고아원 등 시설지원 중심의 사업에서 벗어나 가난의 근본 원인을 해결하기 위한 지역개발사업으로의 변화가 그것이다. 성남, 춘천 등 저소득층 밀집지역에 지역사회복지관을 건립하고 지역주민들의 기본 욕구를 해결하고자 전문적 사회사업 방법론을 활용하여 각종 프로그램을 전개하기 시작했다. 이같이 지역사회복지관을 중심으로 한 지역개발사업은 정부의 지역사회 중심의 복지정책 전환과 맞물려 1990년대에 활성화되기 시작했다.

당시 이윤구는 이같은 국가적 정책변화에 민감하게 반응하며 지역 거점 복지기관의 설립을 적극적으로 추진하기 시작했다. 6년간 전국 주요 지역마다 지역사회복지관을 직영, 혹은 위탁운영을 맡게 되면서 국내사업에 대한 지역거점이 마련되었고 국고보조금이 늘어나 재정구조가 더욱 탄탄해졌다. 이는 다시 모금활성화에 긍정적인 영향을 끼쳤고 국내사업과 해외사업, 모금 등이 균형감 있게 발전하게 된 계기가 되었다.

1974년 경기 성남종합사회복지관을 시작으로 강원 춘천종합사회복지관(1987년), 서울 송파종합사회복지관(1988년)을 운영하고 있던 월드비전은 1991년에 광주 무진종합사회복지관과 춘천 효자종합사회복지관,

1992년 대구 범물종합사회복지관, 1993년 강원도장애인종합복지관, 대전 한밭종합사회복지관, 인천 선학종합사회복지관, 1994년 강원도 태백 진폐환자가정결연사업 개시, 1995년 충북 청주 용암종합사회복지관, 강원 동해종합사회복지관, 전북 김제종합사회복지관, 정읍종합사회복지관, 군산장애인복지회관 위탁 등을 통해 전국 11개 도시의 저소득층 밀집지역에 지역사회복지관과 장애인복지관을 운영해 지역주민의 필요에 맞는 사업을 실시할 수 있게 되었다.

"지역사회복지관의 수탁 운영으로 각 지역마다 거점기관을 갖게 된 월드비전은 이 시기에 전국적인 지역조직망을 확보하게 되었고 정부의 재정보조가 가시화되면서 복지관 사업의 재정적 안정을 가져오게 되었다. 정부보조금은 1989년 1억 2,653만 원으로 전체 월드비전 예산의 7.2%를 차지하였으나, 1990년에는 2억 1,999만 원(10.5%), 이윤구의 재임 마지막 해인 1996년에는 28억 2,480만 원으로 전체 예산의 17.6%를 차지하는 괄목할 만한 성장을 이루었다. 이로써 1995년 당시 월드비전의 예산집행에 있어서 국내사업과 해외사업의 비율은 70:30이 되었다(월드비전 50년 운동사)."

국내외 사업이 확대되고 모금이 활성화되면서 이에 따라 조직의 체계와 구조도 개편이 필요해졌다. 그는 1993년에 직제, 복무, 인사관리, 재무회계 등 제 규정을 대대적으로 개정하고 수정, 보완하는 작업을 시작했다. 또 사업의 효율성을 높이기 위해 각 지방의 지회조직을 활발하게 추진했다. 아울러 수혜국에서 후원국으로 자립함에 따라 조직을 동원체제화했다. 즉 모금을 중심으로 조직을 재편해 모금부서를 팀별로 구성

한국사회복지사협회 회장 시절 제7회 사회복지사대회 개최

하고, 사업부는 국내와 해외를 구분하여 일 중심의 행정체계를 구축한 것이었다. 또한 조직이 커지고 사업이 광범위해짐에 따라 행정 전산화가 절실해지자 1996년 통합전산화시스템을 구축하였다. 이 작업은 그가 퇴임한 이후에도 계속되어 1998년 네트워크 서버와 웹 서버 구축, 후원관리 데이터베이스 프로그램 개발 등이 확립되기에 이른다.

이윤구는 월드비전 회장으로 해외사업과 모금활동에 주력하던 중에도 사회복지사 후배들의 권익 향상을 위해 한국사회복지사협회 제11대, 제12대 회장을 맡아 헌신하기도 하였다. 이 시절 가장 의미있는 성과를 세 가지로 정리하면 다음과 같다(한국사회복지사협회 50년사).

첫째, 한국사회복지사협회가 독립된 공간의 사무실을 확보하였다는 점이다. 1992년 회장에 취임하자 사무실의 필요성을 절감하며 협회 사무실 임대공간 마련을 위해 모금운동을 전개했다. 이윤구의 솔선수범을 시작으로 문인숙, 김만두, 김융일 등 원로들이 중심이 되어 총 1천 3백 6십만원의 기금을 모금하였다. 이를 씨앗으로 하여 1994년 여의도 월드비전 건물 8층에 작은 사무실을 마련하고 협회 역사상 최초로 유급직원을 고용하였다. 이 사무실은 1967년 한국사회복지사협회가 조직된 이후 27년 만에 공식적으로 확보한 최초의 공간이었다.

둘째, 협회 사상 최초로 컴퓨터 프로그램을 도입하였다. 사회복지사의 폭발적인 양적 증가로 인해 워드나 수기로 작성 관리하던 방식으로는 회원관리가 한계를 가질 수 밖에 없었다. 1993년 컴퓨터 프로그램을 활용하여 회원카드 발급, 주소록 관리 등이 가능해지면서 회원확대사업, 조사연구사업 등 회원 중심의 협회 핵심사업을 더욱 체계적으로 실행할 수 있게 되었고 효율적인 사무국 운영이 가능해졌다.

셋째, 사회복지사 자격업무를 한국사회복지협의회에서 한국사회복지사협회로 이관하였다. 1984년 사회복지사업법 개정으로 사회복지사 자격업무를 한국사회복지협의회가 보건사회부로부터 위탁받아 시행해 왔다. 당시 한국사회복지사협회는 별도의 사무실이 없고 전담직원이 없는 상태여서 정부로부터 전문가단체로 인정받지 못하고 있었는데 별도의 사무실 마련, 전국적인 회원 확대, 이사회 및 운영위원회의 실질적인 운영 등 전문가단체로서의 기틀이 마련되면서 정부는 10년 만에 사회복지사 자격관리 업무를 한국사회복지사협회로 이관하는 결정을 하게 되었다. 이는 협회 역사상 전문가단체로서 사회적 평가를 받은 첫 번째 사건으로 평가되고 있다.

제4장 〈북한돕기운동〉

# 동포애, 그 무한한 사랑

# 북한사업 새 물꼬를 트다

이윤구는 이름 앞에 늘 '처음'이라는 수식어를 달고 다녔다. 그 중에서도 북한 인도지원의 첫 문을 연 대표적인 인물로 꼽힌다. 그가 월드비전을 통해 북한지원을 시작하던 1990년대 초반은 남북한 간의 어려운 정치상황 뿐 아니라 국제사회의 곱지 않은 시선 때문에 비록 인도적 지원이라 할지라도 큰 모금이나 많은 양의 양곡을 보내는 일이 사실상 어려운 시절이었다. 그러나 계속된 흉작과 기근으로 북녘 동포들이 고통 받고 있다는 사실이 알려지면서 역사적인 돌파구가 마련된다.

당시 북한의 농업 정책은 해방 직후 토지개혁을 시작으로 1950년대 말 농업 집단화를 완성시키고 1970년대와 80년대 산의 나무를 베어내며 급경사지까지 농지로 만드는 장연개조사업을 전개하며 농업생산성 향상을 위해 노력해왔다. 그러나 별다른 성과를 얻지 못한 채 1990년대에 들어 이모작, 감자농사혁명, 작물의 다양화, 지력 증진과 복합 미생물 비료 사용 등으로 돌파구를 마련하고자 했으나 사회주의 국가의 몰락으로 외부지원이 중단되고, 엎친 데 덮친 격으로 자연재해까지 겹치면서 북한의 식량 상황은 최악으로 치닫게 되었다(이용범, 2010).

"분단 40년을 넘기며 남한과는 급격한 경제 수준의 차이를 보이고 있는 북한의 현 상황은 1인당 GNP가 약 1천 달러로 남한의 6분의 1 수준이며 심각한 경

백두산 방문

제 침체와 식량 부족, 의료시설의 낙후로 인한 영양실조, 후진국 병이라 할 수
있는 결핵, 간장 질환을 겪고 있는 국민이 많은 실정입니다. 또한 냉해로 인한
흉작으로 극심한 식량 부족을 겪고 있어서 현재 '하루 두 끼 먹기' 운동을 벌이
고 있고 대다수 어린이들이 영양실조로 실명의 위기에 놓여 있습니다. 따라서 우
리는 사랑의 하루금식을 통해서 북한동포를 위한 쌀, 옥수수, 밀가루 등의 식량
과 분유 그리고 평양 제3병원 병상 500대를 지원하며 현재 폐광으로 고통을 겪
고 있는 태백시 결식아동의 급식을 지원할 계획입니다(월드비전소식지, 1994년 1·2월
호)."

그는 먼저 한국 교회에 부활절까지의 사순절기 동안 하루를 금식하거
나 하루 한 끼씩 사흘 동안 금식하고 그 밥값으로 사랑의 쌀을 보낼 것

을 제안했다. 예수의 고난에 동참하며 세 끼 밥값을 북한으로 보내자는 것이다. 일명 '사랑의 하루금식운동'. 전국 2만 3천여 교회에 협력을 요청하는 공문을 보내고 21만 명의 교회지도자에게 금식, 기도, 자선을 호소했다. 결과는 1994년 4월까지 700여 개 교회가 참여하고 1억 4천만 원의 성금이 모였다. 당시 우리 국민의 정서와 정부의 부정적 태도를 감안하면 가히 기적에 가까운 일이었다.

도움을 요청하는 소리가 들리면, 누군가를 도와야겠다고 생각되면, 그는 항상 현장에 달려가곤 했다. 이번에도 여지없이 그는 중국을 자주 오갔다. 북한에 들어가 볼 수는 없는 노릇이었기 때문이다. 양곡을 어떻게 실어보내야 하나 확인하기 위해 단동으로 향한 어느 날, 쌀이나 밀가루 같은 곡물을 사서 배편에 실어보내는 것보다 중국에서 구입하여 철도로 보내는 편이 경비가 절약된다는 것을 알았다. 그는 바로 신의주 압록강 북쪽 강변의 단동을 양곡 수송의 전진기지로 삼기로 했다. 4월 말 단동시내 조선족이 거주하는 지역에 유치원을 건축하기로 하고 총예산의 3분의 1을 월드비전이 지원하기로 약속했다. 이 작은 사업이 요령성과 단동시의 고위 간부들의 마음을 움직이고 친분을 쌓는 중요한 계기가 되리라 기대했다. 동시에 가능한 통로를 찾아 북한 당국과 직접 교섭을 진행해보기로 했다.

북측에서는 여러 경로를 통해 병원용 침대 지원, 황소 60두와 배합사료 등을 지원해줄 것을 요청했다. 우선 평양 제3병원이 미국의 의료진들의 노력으로 설립되어 있었는데 병상이 없어 개원을 미루고 있다는 소식이 들려왔다. 침대 500대를 최대한 빨리 만들어 보내기로 결심한 그는 1억 2천만 원을 제작비와 수송비로 사용하기로 하고 목포지역 업체를 섭외해 밤낮을 쉬지않고 침대를 만들어달라고 요청했다. 침대 500대가 배에 실리던 9월, 그는 부둣가 하역장에서 쉿덩어리 침대를 붙들고 기도하며 울었다.

"이 침대가 무사히 도착해서 병실에 배치되면 이 병상 위에 누운 환자들에게 우리 남쪽 동포의 사랑을 전해달라고 혼자 중얼거렸습니다. 우리 인간들은 자유롭게 못가지만 차가운 철물, 생명 없는 물건이라도 몸과 마음이 아픈 북녘의 환자들에게 겨레의 뜨거운 정을 잊지 말고 전해줄 것을 당부했습니다(사랑의 빵을 들고 땅끝까지)."

비슷한 시기에 연변 과기대를 통해 황해도의 한 목장으로 한우 황소를 보내달라는 요청을 받았다. 몇 달을 수소문 한 끝에 요령성, 연변, 흑룡강성 등지의 우수 한우를 고르고 골라 단동으로 실어와 압록강 철로를 건너 황해도 용연으로 들여보냈다. 소만 보내면 안되겠기에 말린 풀과 배합사료를 함께 사서 실어보냈다.

"우리 남쪽의 사랑을 담아 그 건장한 60두의 황소 무리가 열차에 실려 황해도 불타산 사랑 목장을 향해 북녘 땅으로 들어갔습니다. 그 황소에서 지금쯤 얼마나 많은 송아지들이 태어났을까요? 사랑은 거저 주는 것입니다. 무슨 조건이나 지나친 기대도 금물입니다. 주는 것이 옳다는 양심의 명령이 있으면 순종하고 그것으로 만족해야 합니다. 그 다음은 받는 쪽 사람들의 인격과 성실에 맡겨야 합니다. 누군가 반드시 시작해야 할 일이었습니다(사랑의 빵을 들고 땅끝까지)."

북한과 그렇게 하나씩 대화를 이어가며 신뢰를 쌓아가던 중 대규모 식량지원을 위한 접촉이 성사되기에 이른다. 1994년에도 북한 농사는 흉작이었고 십여 년 넘게 계속된 식량부족은 최악의 상황으로 치닫고 있었다. 유엔이나 국제기구들의 보고는 한결같이 적신호의 연속이었다. 그는 성탄전야 교회에서 기도하던 중 '1995년에 양곡 10만 가마니(8천 톤)를 북으로 보내겠다.'고 다짐을 한다. 한참이 지난 후 그는 '1994년은 북한돕기를 연습한 해'였다고 회상했다. 그야말로 역사적인 사건이 1995년 그를 기다리고 있었기 때문이다.

# 국가보안법을 위반했다고?

하늘의 뜻이었을까? 성탄전야 기도 중에 깊은 묵상과 결심을 하고 집에 돌아오자 한 통의 전보가 그를 기다리고 있었다. 북한 고위 당국자로부터 만나자는 연락이었다.

"리윤구 선생 앞

건강하십니까? 평양에서 선생이 요구하는 급수(정부 부장) 이상의 인물이 27일 오후 베이징에서 조용히 만나 토의하려고 하니 선생도 베이징으로 출발해주시기 바랍니다. 경의를 표하며.

삼천리총회사 김봉익

평양, 1994. 12. 25"

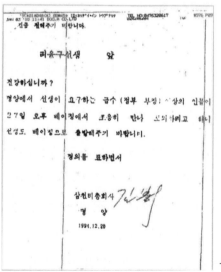

북에서 온 전보

홀로 베이징공항에 도착한 그를 맞아준 사람은 부총리급 고려민족산업발전협회 민족경제협력위원회 회장 리성록과 조선삼천리총회사 김봉익 사장이었다. 기도로 결심을 굳힌 터라 만나자는 약속이 반가웠는데 막상 베이징에 도착해 그들을 만나고 보니 심장이 두근거리고 불안과 두려움이 밀려왔다.

"70년대 후반부터 경제가 악화되고 흉작이 계속되어 양곡 부족이 극히 어려운 처지임을 조심으로 설명하고 나서 제게 물었습니다. 얼마나 많은 양곡을 보내줄 수 있느냐는 것이었습니다. 정직하게 쌀이나 다른 양식 10만 가마니쯤 노력해서 보낼 생각이라고 했습니다. 너무도 실망스럽다는 표정을 두 친구가 같이 보여주었습니다. 남조선에 남아도는 쌀이 얼마나 많은지도 알고 있고 제가 노력하면 국제적인 원조도 꽤 많이 끌어낼 수 있지 않겠느냐는 질문도 받았습니다. 저는 남북 간의 어려운 정치 상황 그리고 북한에 대한 세계 사회의 곱지 않은 시선 때문에 큰 모금이나 많은 양곡을 보내는 일은 사실상 어려울 것임을 강조했습니다. 그런데 리 위원장은 제게 식량 비상사태를 계속 강조하며 큰 도움을 약속해달라는 것이었습니다. 27일 오후부터 29일 아침까지 오고간 이야기가 참 많았습니다(사랑의 빵을 들고 땅끝까지)."

북경에서의 긴장된 만남에 이어 여러 차례 회담 끝에 월드비전 국제본부를 통해 20-30만 톤의 양곡을 기증하는 것으로 합의했다. 월드비전 한국이 합의의 당사자가 되지 못한 것은 아쉽지만 이렇게라도 화해와 평화의 만남을 시작하게 된 것이 감사할 따름이었다. 그동안 국제기구에서 일해 오면서 수없이 많은 문건에 수십 년간 서명을 해왔지만 이토

사랑의 빵 운동에 참여한 강원도교육청 김병두 교육감, 이윤구 회장, 조남진 전 강원일보사장
(왼쪽부터)

록 무거운 책임을 느끼게 하는 합의문건은 처음이었다. 또한 무서운 정신적 고통을 경험한 것도 이때가 처음이었다. 한국에 돌아오자 찾아오는 기관원도 많고 오라는 데도 참 많았다.

"사형을 받아도 마땅한 중한 국가보안의 법률을 어겼다는 말을 들었습니다. 그럴 때마다 저는 나라의 법을 어겼으면 벌을 받아야 마땅하니 절차를 밟아 조사하고 형을 받을 각오가 되어 있다고 말했습니다. 그리고 세상의 법규는 어쩔 수 없이 어기더라도 민족의 양심과 인류 생명의 사랑을 원수에게도 베풀라는 종교적 명령을 어길 수가 없다고 말했습니다. 세상에서 유일하게 분단 민족 국가로 나뉘어 있고 북녘 동포가 죽음을 당하는 이유가 식량 부족인데 우리 남쪽 동포가 이렇게 모르는 체하고 있을 수는 없지 않느냐고 호소했습니다(사랑의 빵을 들고 땅 끝까지)."

그도 나약한 인간이기에 두렵기도 했을 것이다. 무거운 책임감에 잠을 이루지 못한 날은 또 얼마나 많았을까? 그러나 도와달라, 살려달라는 호소를 들을 때마다 '못하겠다고 말할 용기는 더더욱 없었다'고 회상했다. 평생을 가난과 분쟁으로 고통 속에 있는 지구촌 이웃들을 돌보아 오던 그였기에 차마 못하겠다고 뿌리칠 수 없어서 도울 수 밖에, 방법을 찾을 수 밖에 없었던 것이 아닐까. 아마도 '사랑은 그저 주는 것'이고 '누군가는 시작해야 하는 일'이었기 때문일 것이다.

"우리도 예수님과 화목하고 화평하게 사는 거룩한 그리스도인의 삶을 살아야하는데 나와 예수와의 관계는 어떻게 되어 있는가? 그 관계 속에서 내 이웃들을 어떻게 섬기고 있는가 생각해보고 싶습니다. 우리 동포가 굶주리는 데 돌보는 것은 예수 믿는 사람으로서 당연히 할 일이라고 생각했습니다. 금강산 묘향산 칠보산에도 교회가 세워져 우리가 그곳에서도 뜨겁게 기도하고 돌아올 수 있도록 기도하십시오. 서로 오고가고, 전쟁의 철조망이 빨리 없어져서 하나님 앞에서 위대한 민족이 되고 성령께서 우리를 하나로 만드셔서 하나님이 크게 쓰시는 역사가 일어나기를 기도합니다(화목의 십자가, 2004년 4. 18 칼럼 중에서)."

# 사랑의 쌀을 싣고 북으로 북으로

북한 당국과 민간교류를 약속하고 돌아온 그를 가장 힘들게 했던 것
은 고위직 당국자들이었다. 국가안보를 담당하는 부처에서는 "쌀 한 톨
도 보낼 수 없으니 그리 알고 단념하라."는 답이 돌아왔다. 통일부 장관
을 면담한 결과, "미국이 북한을 적국으로 간주하고 있어서 돕기가 쉽
지 않을 것 같지만 미국 정부의 허락이 있고 다른 나라들이 도우면 조심
성 있게 조금씩 월드비전 한국도 시작해보라."는 절반 정도 긍정의 대답
을 들을 수 있었다. 당시 월드비전 국제본부 부총재의 직함을 가지고 있
던 그는 전략을 바꾸어 국제본부를 통해 미국을 먼저 움직여보기로 하
고 긴급 행동에 돌입했다. 우선 월드비전 국제본부와 도움을 줄 수 있는
후원국 대표들을 비상 긴급전화로 호출했다. 현재 북한은 몇백 만 톤이
필요하다는데 당장 20-30만 톤의 양곡지원은 시도해야 하지 않겠냐고
호소했다. 국제총재를 비롯해서 후원국 책임자들은 그의 간곡한 설득에
'이는 하나님의 명령'이라며 한 번 해보자고 호응해주었다.

그가 1995년 1월 미국 LA로 날아가 국제본부와 사업계획을 논의하고
기자회견을 가지자 세상이 발칵 뒤집어졌다. 미국 정부와 우리 정부 둘
다 당황스러워하기는 마찬가지였다. 미국의 반응은 월드비전 같은 국
제구호단체가 인도적 목적으로 북한 어린이를 먹이겠다는데 무조건 반
대할 수는 없지만, 여러 부처의 승인을 받아야 하니 시간이 상당히 걸릴

퇴임 후에도 여러 대북지원 민간단체와 함께 사랑의 쌀 나누기 운동을 지속적으로 전개했다.

것이라며 경고했다. 국내 반응은 더 심각했다. 북한을 돕는데 대한 우려와 거부반응이 곳곳에서 흘러나왔다.

"해방 후 철없이 이념전쟁으로 반도가 두 동강이 나고 미워하다가 6·25전쟁이 난 것이 벌써 40년이 넘었는데 언제까지 이 전쟁을 휴전 상태로 끌고 가야 하겠습니까? 세상에서 유일하게 분단민족 국가로 나뉘어 있고 북녘 동포가 죽음을 당하는 이유가 식량 부족인데 우리 남쪽 동포가 이렇게 모르는 체하고 있을 수는 없지 않느냐고 호소했습니다(사랑의 빵을 들고 땅끝까지)."

다행히도 월드비전 국제본부가 미국 정부의 승인을 받으면서 사업은 급물살을 타기 시작했다. 국내에서는 3월 하순까지 5억 7천 4백만

원의 성금이 모였다. 5월 도문을 떠난 화물열차가 수수 500톤과 통일벼 1천 톤을 싣고 두만강을 건너 남양으로 들어갔다. 7월 말에는 대규모 홍수로 인해 50만 명의 수재민이 발생하기도 했는데 그때까지 부정적인 입장을 고수해오던 우리 정부도 놀라운 결정을 내리게 된다. 15만 톤의 쌀을 지원하겠다고 북한에 통보하고 곧바로 실행에 옮긴 것이다. 모두 1995년 한 해 동안 일어난 일이었다. 이 해는 북한에 대한 구호개발협력의 역사에 원년으로 기록되고 있고 그는 그 첫 물고를 튼 인물로 남았다.

그는 이때의 상황을 '외로운 싸움을 하다가 강한 적군으로부터 항복을 받아내는 느낌'이라고 표현했다. 눈물 많은 그였기에 돌아가신 어머니 산소에 갔을 때처럼 흐느껴 울었다고 했다. 그는 북한돕기를 통해 기독교만이 아니라 천주교, 불교, 유교, 원불교, 천도교를 포함한 6대 종단이 함께 일을 도모하게 된 것이 무엇보다 기쁜 일이라 생각되었다. 그리하여 그는 북측과의 최종 합의문에도 "북한은 월드비전 인터내셔널이 양곡을 확보하기 위해 여러 종단과 협력하겠다는 제의를 긍정적으로 받아들이겠다."는 조항이 들어가도록 했다. 이 일을 통해 남한에서도 범종단 협력이 시작되기를 바라는 마음이었다.

"역사를 뒤집고 바꾸는 일이 아무리 크고 많은 사람들의 동참을 필요로 한다 해도 그 시작은 한 사람의 소박한 기도와 생명을 내어놓는 결단과 행동에 있는 것입니다. 어떻게 보면 무모하고 무지하고 우둔한 일로 보이더라도 인간애, 겨레 사랑, 생명 경외의 작은 겨자씨가 한 사람의 뜨거운 심장에서 뿌리를 내리고 싹이 트면 됩니다. 그 다음에는 우직하게 일어서서 아무리 무섭고 세찬 반대의 풍파가 와도 포기하지 않는 지구력이 있어야 합니다. '죽으면 죽으리라'는 결심만 있으면 두려울 것이 없는 것이, 이 사랑의 씨알은 전염성이 강하여서 생각하는 다른 가슴으로 열화처럼 옮겨 붙고 자랍니다. 막을 힘이 없습니다(사랑의 빵을 들고 땅끝까지)."

6년의 월드비전 회장 임기 동안 그는 쉼 없이 기도하고 지치지 않고 달렸다. 한 사람의 소박한 기도에서 나오는 결단과 행동을 몸소 보여주며 주변 사람들에게, 한국 교회들에게, 학교와 기업들에게 그 일을 함께하자고, 모두가 행복한 지구촌을 만들어보자고 호소하고 다녔다. 남겨진 그의 사진을 보면 그 해에 전 세계 곳곳에서 무슨 일이 일어났는지 확인할 수 있다. 항상 재난과 분쟁, 가난의 현장에 제일 먼저 달려간 그였기 때문이다. 월드비전 회장으로의 마지막 해인 1996년 12월 31일 한 해 총 160억 원의 후원금을 결산하고 정든 여의도 사무실을 떠났다. 그의 월드비전 퇴직금은 북한돕기사업에 고스란히 기부되었다.

# 사랑은 명사가 아닌 동사

"가장 시급한 과제는 가족들이 살아있는지 생사 확인을 하는 것입니다. 그 후에는 서신 거래를 자유로이 할 수 있어야 하고 자주 서로 만나게 되면 궁극적으로는 가족들의 재결합도 가능하도록 해야 할 것입니다. 장기적으로는 남측의 군이나 읍, 북측의 노동구역 등이 서로 결연이 되어 왕래할 수 있는 남북 화해의 운동도 시작해야 한다고 생각합니다(자유아시아방송 인터뷰 중에서, 2004)."

북한 동포에 대한 각별한 애정으로 대북인도지원에 앞장서 온 이윤구는 대한적십자사 총재 재임 시 적극적으로 대북사업을 추진하고자 하였다. 2004년 이산가족의 만남을 정례화 할 수 있도록 면회소 건설을 본격적으로 추진했다. 또한 대북지원사업도 일회적인 물자지원에서 한 단계 나아가 지역개발을 도와주는 방향으로 전환하고자 하였다. 이로써 민족 간의 진정한 화해와 더불어 한반도에 평화를 정착시키는 데 기여하고자 하였다.

대한적십자사 총재의 자리는 언제부터인가 총리를 지냈거나 유력한 정치권 인사 가운데 최고권력자를 배려하는 자리로 알려졌다. 대부분의 국민들 역시 이 자리를 잠지 머물다 가는 자리로 인식한 것도 이 때문일 것이다. 관료나 정치인 출신이 아닌 심지어 오랜 세월 국내외 봉사와 구호활동의 현장을 지키다 예순이 넘어서 통일운동에 헌신한 보기드

대한적십자사 총재 시절

문 이력을 가진 그였기에 이윤구가 총재로 임명될 당시 일부에서는 걱
정을, 일부에서는 의아해하는 의견도 있었다. 그러나 그는 우려를 깨고
현장 전문가로서의 탁월한 식견과 추진력을 인정받았다. 그의 취임 자
체가 대한적십자사 100년의 역사에서 의미있는 개혁이라고 평가되기도
한다.

2004년 75세의 적지 않은 나이로 총재에 부임하는 날, 그는 "18살의
설레는 마음으로 출근한다"는 말로 적십자운동에 대한 강렬한 애착과
포부를 보여주었다. 취임사의 한 구절을 보자.

"저는 얼굴을 가리고 숨고 싶은 부끄럼으로 온 몸에 전율을 느끼면서 총재실에 들어섰습니다. 부족하고 불민한 것이 너무 많습니다. 이 무거운 짐을 바로 지고 나갈 힘이 있다고 말하기에는 정말 자신이 없습니다. 그럼에도 주어진 책임을 피하지 않고 하늘 뜻과 겨레의 임한 과제들, 그리고 이 나라 적십자운동의 숭엄한 정신을 이어가는 대업에 순종해나가려 합니다."

그가 생각하기에 적십자의 사업은 크게 나라 안의 일, 남북관계의 일, 세계 속의 일로 구분되며 그 세 가지 갈래는 결국 하나로 이어진다고 보았다. 우선 이산가족 상봉을 확대시켜 나가야 하고 빈민구호나 봉사활동 역시 더욱 체계적으로 추진해야 한다고 강조했다. 특히 남북관계의 전환과 민족화해 없이 세계 속의 일을 하는 것은 있을 수 없는 일이라고 생각했다. 제 나라 민족문제를 해결하지 못하면서, 50년이 지나도록 전쟁이 계속되는 유일한 나라인 것 자체로도 부끄러운 일이라 여겼다.

"어린이들을 먹이는 일이 시급합니다. 또한 지난해 적십자에서 고성에 연탄과 난로를 실어 보냈는데 그렇게 마음이 따뜻할 수가 없었습니다. 앞으로 긴급 원조 보다는 개발 원조에 주력할 것입니다. 농사를 지을 수 있고 가축을 키울 수 있도록 말입니다. 이것은 남의 나라 문제가 아니라 우리 동포의 문제입니다. 적십자사가 앞장서서 해나갈 예정입니다(자유아시아방송 인터뷰 중에서, 2004)."

전 세계 평화, 민족의 화해와 통일을 그토록 염원했던 사람! 금강산과 설악산 사이에 결핵연구소와 요양원을 만들어서 아직도 결핵으로 목숨을 잃는 북한동포들의 생명을 살릴 계획을 세우던 사람! 그곳에서 통일이 오는 것을 보는 게 마지막 소원이라던 이윤구! 80이 넘은 나이에도 건강함을 자랑하던 그였으나 한동대 석좌교수로 재직하던 2013년 8월, 여름 휴가 차 하와이에 거주하는 딸을 만나러 갔다가 그곳에서 생을 마감했다.

"진정한 삶이란 하루하루를 괭이를 들고 삽을 메고 들로 나가 일을 하되 나와 내 가족보다는 남과 남의 일을 위해 땀과 눈물을 흘리며 충실하게 일하는데 있다는 진리를 우리는 흔히 잊고 살게 된다. 건강한 몸으로 귀한 시간을 쪼개서 사회와 나라와 세계의 평화와 행복을 위해 봉사하는 일보다 더 큰 기쁨은 없다. 어려서부터 그리고 젊었을 때 이웃을 섬기는 일을 배우고 실천해볼 수 있었던 나는 오늘도 감사함으로 하루를 맞이한다(역경의 열매)."

그는 처음 예루살렘을 향해 떠나던 때나 대한적십자사 총재로 재임하던 때나 변함없이 '사랑은 동사'라는 인생의 표어를 갖고 살아왔다. 사랑은 정체되어 있는 명사가 아니라 움직이는 것이며, 실천하는 것이라는 생각에서였다. 그는 마지막 순간까지 범종단 북한수재민돕기운동 추진위원장, 우리민족서로돕기운동 공동대표, 흥사단 민족통일운동본부 공동대표, 화해와 평화를 일구는 사람들 서울평화센터 이사장, 미래복지경영 초대 이사장 등 단체의 크고 작음에 관계없이 사랑이라는 동사를 완성하기 위해 최선을 다했다.

제3부

# 기독정신으로 완전해진
# 공동체를 꿈꾸다

제5장 〈미래복지경영〉

# 모두를 위해 모두가 함께 꾸는 꿈

# 미래복지경영 초대 이사장

이윤구는 2005년 최성균 회장과의 개인적인 식사 자리에서 만나 대화를 나누던 중 청년 사회복지사들에게 더 큰 비전을 심어주고 싶다는 개인적 소망을 이야기했다. 두 사람은 의기투합하여 '한국사회복지미래경영협회'를 만들기로 한다. 평소 후배 사회복지인들에게 '할아버지, 아버지가 세대가 못다 한 사랑의 품앗이 빚을 갚아주기를' 바래왔던 그는 여전히 젊은이들이 '더 낮은 데로 가기를, 생명을 나누는 거룩한 실험에 참여하기를' 간절히 바랐다.

사회복지를 모두가 함께 행복한 세상을 만드는 것으로, 사회복지사를 생명을 살리고 인간을 치유하는 사람으로 생각해 왔던 그는 자신이 지구촌 곳곳을 누비며 느끼고 실천한 바를 후배들에게 하나라도 더 남겨주고 가르쳐주고 싶은 마음이 간절했다. 그리하여 전쟁과 갈등, 가난과 배고픔 없는 세상을 만드는 꿈, 평생 동안 그가 바라고 실천하고자 한 그 꿈을 모두가 함께 꾸게 되기를 바랐다. 모두가 모두를 위해 함께 꿈을 꾸면 그것은 더 이상 꿈이 아닌 현실이 될 것이라 믿었기 때문이다.

이윤구의 일이라면 만사를 제쳐 놓고 함께 뛰었던 최성균과, 최성균의 일이라면 최우선으로 달려왔던 이윤구가 인생의 석양에서 함께 일을 도모했으니 주변 선후배들의 관심이 집중된 것은 당연한 일이었다. 어

미래복지경영 창립총회에서 초대 이사장으로 추대되었다.

미래복지경영 창립 3주년 기념식 및 사무실 이전 감사예배

(왼쪽부터 김흡영 목사, 유양근 강남대 부총장, 김신일 교육부총리, 정승희 감독, 최성균 회장, 한영숙 사모, 이윤구
이사장, 유재건 의원, 김성이 교수, 조성철 회장)

려운 고비마다 두 사람의 경험과 인간관계, 전문성으로 헤쳐나갔고 때마다 돕는 손길들이 나타났다. 스승과 제자로 만난 두 사람은 서로를 가장 잘 아는 선후배로, 때로는 친구로, 때로는 동역자로 서로를 격려하고 어려운 시간을 함께 견디며 사회복지의 새로운 패러다임을 전파하기 위해 노력해왔다.

창립총회에서 이사장직을 수락하면서 그는 미래복지경영의 비전을 "한국사회의 개발과 복지사회의 건설"로 제시하였고 우리 민족, 국가, 다음 세대가 살아갈 더 큰 무대에 관심을 갖자고 역설했다.

"2007년 올해 우리 사회복지계의 뜻깊은 이정표가 하나 밝게 섰습니다. 미래경영협회의 창립과 법인 등록은 한국 사회개발과 복지사회의 건설에 적지 않은 공헌을 하게 될 줄 믿고 기쁨을 나누고 싶습니다. 미래를 꿈꾸고 설계하고 집을 짓는 일은 사회복지 전문가가 해야만 하는 일입니다. 다시 하나가 된 한반도와 한겨레, 동북아시아의 복지공동체, 65억 인류가 우러러보는 복된 평화와 안녕의 나라를 건설하는 거룩한 실험장을 가꾸어 나가십시다(창립 축하 포럼 인사말 중에서, 2007.12.4)."

그는 항상 사회복지 후배들에게 오늘의 할 일에만 매몰되지 말고 더 큰 비전, 더 넓은 세계를 바라보라고 주문했다. 평생을 전 세계 분쟁지역, 가난과 기근으로 고통받는 지구촌 이웃들을 돌아보던 그이기에 생각할 수 있는 당연한 비전이었다. 그 새로운 비전을 사회복지사들이 품어주기를, 전 세계 평화와 안녕을 위해 뛰는 한국의 사회복지사들이 더

미래복지경영 창립 3주년 기념식 및 사무실 이전 감사예배

미래복지경영 창립 3주년 기념식 및 사무실 이전 감사예배

많이 나와 주기를 바랐다.

그 역할을 미래복지경영이 담당해줄 것을 당부하는 것도 잊지 않았다. 그가 미래복지경영의 가장 어려운 시기에 최성균 회장과 함께 법인 이사회를 이끌었던 것도, 이사장 임기 6년을 지내고 명예 이사장으로 역할을 계속한 것도 협회를 통해 그 꿈을 꼭 이루고 싶었기 때문일 것이다.

그는 이사장으로서 그 꿈을 실현하는 첫 걸음으로 현장 속에서 답을 찾을 것과 현장가들 간에 연대할 것을 강조했다. 복지현장에서 클라이언트와 함께 땀 흘리며 배운 경험을 토대로 복지사회에 대한 살아있는 청사진을 그려낼 사람은 바로 현장가들이라는 것이다.

"사회복지계의 여러 동료들과 대화와 정보공유, 사회복지계의 네트워크를 창출할 뿐 아니라 향기 나는 사회와 국가를 만들어가기 위한 디딤돌이 되기를 바랍니다. 새로운 정보와 지식의 교류, 창의적인 정책제안 등 사회복지계의 많은 이슈들이 협회를 중심으로 논의되기를 바랍니다(미래복지경영 소식지 창간호, 2011)."

그는 80이 넘은 나이에도 왕성한 활동을 이어가면서 여전히 현장 속에 있고자 했다. 그의 도움과 역할이 필요한 곳이라면 그곳이 어디든, 단체나 사업의 규모와 상관없이 늘 가장 먼저 달려가 동료 선후배들과 손을 맞잡았다. 전 세계 방방곡곡 아픔과 가난이 있는 곳에서도 그는 모두를 똑같은 인간으로, 한없이 소중한 한 생명으로 대했다.

# 최성균 회장과의 인연

"청년 최성균을 대학 강의실에서 사제 간의 관계로 만난 후 많은 세월이 흘러 이제는 함께 인생의 석양 길에 서게 되었다. 그를 알게 되고 가깝게 사귀면서 서로 의지하고 세상 살아가는 일을 함께 논의할 수 있게 된 것을 충심으로 감사하며 여생을 더 친근하게 지내고 싶다(이윤구의 글, 만남의 사회복지)."

최회장은 스승이자 선배인 이윤구를 '깊은 인간애'를 가진 사람으로 기억한다. 또한, 이윤구는 최 회장을 진정한 현장 전문가로 성장하게 한 사람이다. 이와 관련한 특별한 일화가 있다.

두 사람이 '월드비전'에서 함께 일할 때 아프리카 케냐사업장을 방문한 적이 있었는데, 부족대표가 감사하다며 음식을 내왔다고 한다. 사이다가 미지근해질 만큼 뜨거운 날씨였고, 손 씻을 물이 없어서 대접 하나에 일행들이 모두 손을 씻는 바람에 시커먼 구정물이 될 정도였다. 위생도 엉망이고 음식도 충분하지 않은 가운데 최회장은 도저히 그 음식을 먹을 수가 없었다.

음식을 앞에 놓고 주저주저하던 최회장에게 "미스터 최! 사회사업가가 이런 것도 못 먹어서 어떻게 하나! 현장을 더 다니고 더 열악한 나라들에 더 다녀보도록 해."라고 핀잔을 주면서 그 지저분한 음식을 맛있게

하와이를 방문해 이윤구 회장 묘소를 찾은 최성균 회장

남김없이 먹더라는 것이다. 물론 그 역시도 그 음식이 맛있게 느껴지지
는 않았을 테지만, 본인들이 먹을 것도 부족한 상황에서 손님을 대접하
려 한 부족 사람의 정성을 생각해서 그렇게 했을 터였다.

　최회장은 그런 모습에 감동과 충격을 받았다. 지금까지 스스로 찢어
지는 가난을 직접 경험해보고, 늘 가난한 사람 곁에 있는 삶을 살아왔다
고 자부했지만, 자신이 아직 진짜 현장 사람이 되지 않았음을 깨닫고 부
끄러워졌다. 최회장은 그 사건으로 어떤 사람이든 조건 없이 사랑하고
존중하는 뜨거운 인간애를 느꼈으며, 다시금 진심으로 그를 존경하게
되었다고 한다. 그의 숭고한 인간애와 생명존중의 정신은 월드비전 퇴
직금 전액을 다시 북한 돕기 성금으로 쾌척한 일로도 엿볼 수 있다.

한편, 최회장에게 직장상사로서 이윤구는 "권한을 현장으로 위임하는 리더"였다. 과거 월드비전은 채용, 승진 등 모든 인사권을 본부가 행사했는데, 그가 회장이 된 후 지부장과 지역사회복지관 관장에게 권한을 위임하고 지부 직원을 정규직화하였다. 또한, 업무에 있어서도 직원에게 책임뿐만 아니라 권한을 함께 부여해 자율적이고 독립적으로 업무를 수행하게 배려하였다. 월드비전이 전국적 조직망을 갖추고 '사업'과 '모금'이라는 두 마리 토끼를 잡을 수 있었던 것은 이렇게 직원을 하나로 묶어낸 이윤구의 리더십이 빚어낸 결과였다.

"일을 맡겼으면 끝까지 믿고 맡기라고 늘 말씀하셨습니다. 특히 제게는 조직 내부의 일, 즉 어떤 사업을 할 것인지, 어떤 사람에게 역할을 줄 것인지 등 전권을 맡기셨고, 당신은 대외적인 활동, 국제사회에 호소하는 일, 더 많은 후원자들과 만나는 일 등 조직 외부의 일을 책임지셨습니다. 그 결과 월드비전 한국은 도움을 받는 나라에서 도움을 주는 나라로 전환하여 국제사회의 큰 관심을 불러일으키게 되었죠. 지금도 각 나라의 월드비전 지도자들이 한국의 성공적인 모델을 배우기를 원하고 있습니다(최성균의 말, 그래도 걸어라)."

그 동안 두 사람이 함께 이뤄낸 성과가 많지만, 최회장은 그 가운데 가장 기억에 남는 일로 '사회복지 전담공무원 제도를 확대한 일'을 꼽았다. 사회복지 전달체계에 변화를 가져온 이 일 뒤에는 사실 숨은 일화가 있었다. 이윤구가 한국사회복지사협회 회장으로 재임하던 시절, 정부는 행정자치부 소속의 공무원을 몇 개월간 훈련해 사회복지 공무원으로 발령할 계획을 가지고 있었다. 그 인원만 해도 1,500여 명에 달했으니, 이

상태로 나가다가는 사회복지사의 전문성과 사회적 위상에 매우 부정적인 결과를 가져올 것이 분명했다. 이를 안 이윤구와 당시 한국사회복지사협회의 대외협력위원장이었던 최회장은 청와대 신필균 수석을 만나 담판을 지었다.

"동사무소에서 사회담당 공무원이 쌀이며 연탄을 나눠주는 것으로 복지한다고 말하던 시대는 지났다. 사회복지 전문가가 그 일을 해야 한다. 적어도 전문대학 사회복지과 졸업 이상의 학력으로 전문 인력을 배치하라. 만약 계속해서 이 일을 진행한다면 전국 사회복지계에 알리고 노인, 장애인, 아동들 모두 데리고 청와대로 가겠다(최성균의 말, 그래도 걸어라)."

두 사람은 할 수 있는 모든 말을 쏟아냈고, 협박 아닌 협박도 불사하였다. 결국 행정자치부는 이전의 계획을 철회하고 1,700여 명 규모의 사회복지전담 공무원의 인력확충 계획을 내놓게 된다.

최회장은 이윤구의 행보를 지켜보면서 사심 없이, 자리에 연연하지 않고, 오로지 자신에게 주어진 역할에 충실한 리더의 모습을 보았다. UN의 고위직에 있을 때에도, 차관급인 '청소년연구원' 원장 자리에서도, '월드비전' 한국 회장의 자리에서도, '한국사회복지사협회' 회장으로서도, '대한적십자사' 총재의 자리에서도, '인제대학교' 총장으로서도 그는 늘 자신의 역할을 고민했고 사회복지사로서 옳은 결정을 내리고자 노력했다.

이윤구 역시 최회장을 "부지런한 일꾼"으로 표현하며 "무슨 일이 있으면 즉각 무엇이든 하지 않고는 못 견디는 선천적인 사회복지사"로 평가하였다. "최성균의 광범위한 인맥과 인간관계가 부러울 정도"라며, "늘 좋은 자극을 주고 있는 좋은 친구"라고 표현했다.

"얼마나 부지런한 일꾼인지 밥을 함께 먹는 자리나 회의를 그와 함께 할 때면 적어도 서너 번, 어떤 때는 끝도 없이 핸드폰이 울려서 저같이 좀 게으른 사람은 도저히 따라갈 수가 없다는 생각에 늘 저에게 새로운 도전이 됩니다… 더러는 직설적이고 혈기도 좀 있어서 본의 아니게 이웃들과 부딪히고 갈등을 일으키는 일도 있지만, 그의 깊은 인간미, 두려워하는 사람이 없는 떳떳함, 어물쩍 그럭저럭 살아가지 않는 곧은 말이 제게는 강한 매력을 느끼게 합니다(이윤구의 글, 만남의 사회복지)."

# '이윤구 박사 사회복지지도자상'의 제정

최회장은 두 사람이 함께 이루고자 했던 '땅 끝까지 인류애의 실천'을 자신에게 남겨진 마지막 과업으로 여기고 있다. 또한, 그가 생전에 보여주고 실천한 정열과 헌신, 사랑의 가치를 사회복지 후배들에게 전수하는 것도 자신의 책임이라고 생각했다. 미래복지경영이 2015년 '송엽 이윤구 박사 사회복지지도자상'을 제정한 것은 바로 그 때문이다. 세계적인 지도자로 기억하며, 그의 정신이 후배들에게 연결되기를 기대했다.

"제가 이윤구 회장을 처음 만난 것은 1962년 강의실이었으며 이후 지금까지 선배와 스승으로 모시고 있습니다. 그를 알게 되면서 그의 성품에 매료되었습니다. 끊이지 않는 열정과 애정, 풍성한 추진력이 있었고 후배들을 격려하고 옳고 그른 것을 일깨워주셨습니다. 불의에 타협하지 않는 정의로운 분이셨기에 사회복지계의 큰 별을 기억하는 사업을 하고 싶었습니다(제1회 이윤구상 시상식 최성균 회장의 인사말 중)."

2017년 제3회 시상부터는 '미래복지경영'이 주최하고 '함께하는사랑밭', '월드비전', '한국사회복지공제회'가 후원하여, 2020년 현재까지 총 22명에게 사회복지지도자상을, 총 17명에게 공로상을 수여하는 것으로 확대되었다. 이 상에는 참스승을 찾기 어려운 시대, 지식은 가르치지만 삶 속에서 실천함으로 감동을 주는 스승이 없는 이 시대에 참스승의 표본으로서 이윤구의 정신이 이어지기를, 그리하여 작은 이윤구들이 우리 사회에 쏟아져 나오기를 바라는 마음이 담겨 있다. 2015년부터 2020년 까지 수상자 명단은 아래 표와 같다.

송엽 이윤구 박사 사회복지지도자상 수상자

| 구분 | | 수상자명 | 수상 당시 소속 | 심사위원 |
|---|---|---|---|---|
| 1회<br>2015<br>년 | 사회복지<br>지도자상 | 김일용 | 화성남부종합사회복지관 관장 | 유재건,권광중,김신일,<br>이태영,조성철,차경애,<br>최성균 |
| | | 변영혜 | 춘천효자종합사회복지관 관장 | |
| | | 오세걸 | 울산광역시노인복지관 관장 | |
| | 공로상 | 김통원 | 성균관대학교 사회복지학과 교수 | |
| | | 문창진 | 전 보건복지부 차관,<br>CHA 의과대학교 부총장 | |
| | | 민경춘 | 전 삼성사회봉사단 전무 | |
| 2회<br>2016<br>년 | 사회복지<br>지도자상 | 김귀자 | 부산노숙인자활센터 화평생활관 관장 | 김신일,권광중,이태영,<br>차경애,박현경,김종환,<br>민경춘,최성균 |
| | | 김주미 | 서울시 여성가족재단 차장 | |
| | | 은광석 | 순천향림실버빌 원장 | |
| | | 이명자 | 마포장애인종합복지관 관장 | |
| | | 이윤기 | 쌍용종합사회 | |
| | 공로상 | 박현경 | 서울시서초구여성회관 관장 | |
| | | 안철 | (주)수도프리미엄 엔지니어링 대표 | |
| | | 황용규 | 서울시사회복지협의회 회장 | |
| 3회<br>2017년 | 사회복지<br>지도자상 | 김경희 | 아동양육시설 계룡학사 사회복지사 | 유재건,권광중,김신일,<br>박현경,차경애,최성균 |
| | | 신민선 | 강남구건강가정지원센터 센터장 | |
| | | 이현수 | 대전광역자활센터 센터장 | |
| | 공로상 | 전덕기 | 의료법인 가화의료재단 이사장 | |
| | | 이상용 | 전 보건복지부 복지정책실장 | |
| | | 여승철 | 서진월드투어 대표 | |

| | | 고일웅 | 대야종합사회복지 관장 | |
|---|---|---|---|---|
| 4회 2018년 | 사회복지 지도자상 | 권기용 | 영락경로원 원장 | 유재건,이태영,문창진, 이혜경,차경애,최성균, 권광중,김신일 |
| | | 김진숙 | 송파구방이복지관 관장 | |
| | | 선수경 | 인천신흥동행정복지센터 동장 | |
| | 공로상 | 양복완 | 전 경기복지재단 대표이사 | |
| | | 조성철 | 전 한국사회복지공제회 이사장 인애복지재단 대표이사 | |
| | | 장창수 | 대전세종연구원 선임연구위원 | |
| 5회 2019년 | 사회복지 지도자상 | 김명성 | 현양원 원장 | 유재건,김신일,문창진, 이태영,차경애,권광중, 최성균 |
| | | 김종태 | 경기사회복지협의회 사무총장 | |
| | | 배희선 | 당진시남부노인복지관 관장 | |
| | 공로상 | 김호욱 | 성공회진천교회 관할사제 | |
| | | 문병선 | 현우산업(주) 대표이사 | |
| | | 정정옥 | 경기도가족여성연구원 원장 | |
| 6회 2020년 | 사회복지 지도자상 | 고석민 | 고성군발달장애인주간활동센터 센터장 | 유재건,김신일,권광중, 박현경,장인성,차경애, 최성균,문창진 |
| | | 박종분 | 신남종합사회복지관 관장 | |
| | | 오영환 | 연무종합사회복지관 관장 | |
| | | 이덕호 | 인천시서구장애인종합복지관 관장 | |
| | 공로상 | 김현호 | 동두천 나눔의집 원장 | |
| | | 최재명 | 경산복지재단 명예이사장 | |

2017년 4월 최회장이 하와이를 방문했다. 이윤구의 묘를 방문하고 작은 꽃 한 다발을 전했다. 지금이라도 불쑥 나타나 '미스터 최!' 하고 부를 것 같았다. 그가 마지막으로 묵었던 방에는 작은 기념관이 마련되어 있었다. 평생을 바쳐 이루고자 한 그의 꿈이 사진액자 속에 고스란히 담겨 있었다. 차 여사의 배려로 하룻밤을 그 방에서 묵었다. 그러나 밤새도록

법인 창립 5주년 및 이취임식 행사에서 인사말 하는 이윤구 이사장

제1회 송엽 이윤구 박사 사회복지지도자상 시상식
(왼쪽부터 최성균 회장, 유재건 의원, 변영혜 관장, 권태일 목사, 오세걸 관장, 김일룡 관장)

제1회 시상식 팜플렛 표지

제6회 시상식 팜플렛 표지

잠을 이룰 수 없었다.

너무나 그립고 그리웠다. 이 세상에서 다시 만날 수는 없지만 그분의 꿈만은 이어가겠노라고 약속했다. "꿈은 꾸는 것 자체가 의미가 있습니다. 그러나 그 꿈은 나만이 아닌 모두를 위한 꿈이어야 합니다. 그러면 그 꿈은 반드시 이루어집니다." 그의 목소리가 들리는 것 같았다.

아무리 작은 것이라도 생명을 소중히 여기고, 건강한 몸과 마음을 가진 것에 감사하면서, 하루하루의 삶 속에서 남을 더욱 배려하며, 이웃의 안녕과 세계의 평화를 위해 봉사하는 삶을 몸소 보여준 사회복지사 이윤구! 생의 마지막까지 후배 사회복지사들에게 더 큰 비전과 더 넓은 세상을 보여주고자 했던 큰 스승! 이제 남아 있는 우리들이 그의 제안에 답할 차례이다.

제6장 〈이윤구의 철학〉

# 70억이 공생하는 집

# 한 신학자가 본 송엽의 사상

이윤구의 평생 친구인 조남진 장로에게 그가 살아 있다면 무얼 하자고 했을까 물었다. 돌아온 답은 '기독정신으로 완전해진 공동체'를 만들어 함께 살자고 했을 것이라 했다. 그가 평생을 통해 이룩하고자 한 기독교 문화 공동체마을은 어떤 모습일까? 그에게 직접 들을 순 없지만, 김흡영 교수(강남대학교 대우교수, 한국과학생명포럼 대표)의 글을 통해 신학자이자 사회사업가로서 이윤구의 철학을 다시금 새겨볼 수 있다. 김교수는 '한 신학자가 본 송엽의 사상(제1회 이윤구상 자료집, 2015)'이라는 글에서 그의 사상을 '하나님 앞에서', '예수를 따라', '겨레를 깨워', '십자가를 지고 땅끝까지'라는 4가지 핵심주제로 정리했다.

## 1) 하나님 앞에서 : 비록 해 같진 못할지라도 달 같이

첫째, 마틴 루터의 종교개혁 강령으로 유명한 "하나님 앞에서(Coram Deo)" 사상이 송엽 신학의 대전제라고 보입니다. 2006년 새해에 행한 한 신문 인터뷰에서 그는 이렇게 말합니다. 여기서 송엽은 '해와 같은 발광체'가 아니더라도 하나님의 진리를 반사하는 '달과 같은 반사체'라도 되었으면 하는 흥미로운 은유를 사용합니다.

"나이 이만큼 먹었으니까 하나님 앞에서 또 동료, 더구나 후배들 앞에서 부끄럽지 않게 살고 싶어요. 사람들이 내 강연이나 글을 통해 '아 왜 내가 저런 인생을 몰랐지'라고 감동해 날 좀 쳐다보게 됐으면 좋겠는데, 쉽지 않거든요. 그래서 일단 하나님 앞에 부끄럽지 않아야죠. 그러면서 발광체는 못 되더라도 최소한 반사체는 된다는 생각으로 살고 싶어요. 해 같진 못하더라도 달 같이 살면 좋지 않겠어요? 그렇게 자꾸 힘주며 살다보면 내 속에서 열이 나서, 남들이 '아, 저 사람 사는 게 왜 저렇게 아름다울까? 저 사람 사는 게 왜 저렇게 힘이 있을까? 나도 저렇게 살 수 없을까'라고 느꼈으면 좋겠는데 쉽지 않네요(뉴욕에서 조국을 생각한다)."

## 2) 예수를 따라 : 예수를 닮아 예수의 사랑을

송엽이 실천한 생명사랑의 내용은 우리가 예수에게 받은 사랑(구원의 은총)을 되돌려 전해주는 베풂의 예수사랑이었습니다. 미국에서 성탄절 조국을 생각하며 쓴 글 중에서 그는 다음과 같이 말합니다.

"성탄은 어떤 의미에서 나그네와 피난민과 죄수들과 병든 이들과 가난한 백성을 위한 명절입니다. 예수는 날 때부터 피난의 길을 떠나야 했고 평생을 약한 양들을 위해 살다가 돌아가신 분이었습니다. 그 분이 오신 것을 참 고맙고 기쁘게 생각하는 계절이 되려면 무엇보다도 우리들이 산 소나무를 잘라 방안에서 죽게 하고 요란한 성탄 파티와 망년회로 소화불량에 걸리고 과식과 음탕하는 일은 삼가야 하지 않을런지요? 우리가 먹을 것 마실 것을 좀 아껴서 에티오피아로 보내는 성탄절이 되었으면 예수가 누구보다 '잘했다' 하실 테지요. 아무쪼록 이 명절엔 운전주의, 밤거리 조심하며 어린 자녀들에게 말구유의 예수를 바로 가르쳐 주는 일을 잊지 마시길 바랍니다(뉴욕에서 조국을 생각한다)."

　이와 같은 "나그네와 피난민과 죄수들과 병든 이들과 가난한 백성" 곧 민중을 특별히 사랑한 갈릴리의 예수를 강조한 글들은 송엽 사상이 한신대와 강남대 신학 전통의 맥을 계승하고 있음을 보여줍니다. 칼뱅의 개혁신학 전통, 특히 십자가 신학이 강하게 풍겨져 나오고, 그의 스승이기도 했던 함석헌 선생님의 씨알사상과 민중신학적 시각이 두드러지게 나타납니다. 그리고 그는 예수 사랑을 20세기의 역사 현장에서 몸으로 실천했던 인도의 간디와 슈바이처, 그리고 미국의 인권운동가 마틴 루터 킹과 같은 성인들의 영향을 크게 받았다고 고백하기도 합니다.

### 3) 겨레를 깨워 : 빚진 자에서 베푸는 자로

　그의 저서 〈뉴욕에서 조국을 생각한다〉를 보면 그가 얼마나 조국을 사랑하고 걱정했던 애국자인가를 역력히 알 수 있습니다. 그 책을 읽은 한 학생은 미국에서 한국사정을 더 잘 알고 있었던 듯하다고 느낌을 말했습니다. 그는 또한 한국기독교와 한국교회에 대해 특별한 관심을 가졌습니다. 한국선교 100주년을 맞이하면서 "형제들아 어떡할까" 하며 그는 한국기독교를 냉철하게 평가합니다.

　"불교적인 세계관도 백성을 이끌 힘을 잃고 유교의 도덕과 윤리관도 썩을 대로 썩어서 종교 부재의 혼란과 암흑이 한반도를 엄습해서 국민이 갈 길을 못 찾던 19세기 말엽에 개신교가 들어온 것은 놀라운 하나님의 섭리와 사랑의 역사였다. 그러나 100년을 돌이켜 우리들의 역사를 보는 눈은 좀 냉철해야 한다. 서양으로부터 선교사들의 손을 거쳐 받아들인 프로테스탄트 신앙이 대단히 감정적이고 보수적이고 내세 지향적인 경향이 좀 심해서 처음부터 어려움을 안고 시작되었다. 광적인 신앙과 도피주의가 신교운동에도 섞여서 자라게 되고 예수의 교훈을 바로 이해하는 일에 민감하지 못했다. 둘째로 우리가 깊은 반성을 해야 할 일은 교회 안의 부끄러운 분열이다. 우리나라 개신교의 주종인 장로교와 감리교가 걸어온 길을 더듬노라면 교회의 일이 마치 분쟁, 분열, 분파인 것 같은 착각을 하게 된다. 셋째로 우리들이 배워야 할 뼈아픈 역사는 교회가 너무 물량 중심으로 자라 왔고 그런 속에서 창조적 소수의 질적인 요소들이 같이 크지 못했다는 것이다. 십자가의 종교, 예수의 교훈이 상품 같이 되어버리고 교인 수나 헌금 액수로 교회의 실력을 저울질하게 된 오늘날의 개신교를 어쩌면 좋겠는가? 넷째로 우리가 조심스레 배워야 할 것은 성령받고 방언하고 병 고치는 기사이적이다. '온몸'을 '산 채'로 하나님 보시기에 합당한 제사로 내어놓기 위해서 기도하고 찬송하고 살아야 하는 것이 성서의 명령이다. 흩어진 민족의 양심을 불러일으키고 분단된 철의 장막 남북에서 신음하고 울부짖는 겨레에게 새 길을 제시하는 종교가 되어야겠다. 100년 전 우리 강산에 새벽을 보내주신 하나님께 한민족의 시련 속에서 함께 우시고 피땀을 흘린 순교자들에 의해 오늘에 이르게 하셨는데 이 문제덩어리인 6천만 겨레를 버리실 까닭은 없다(뉴욕에서 조국을 생각한다)."

이 글에서도 역시 한신대에서 신학을 공부하고 강남대에서 사회복지를 공부했던 그 어른의 신학적 성향이 두드러지게 나타납니다. 강남대학의 창학정신인 교권이기주의에 의해 한국기독교가 부패되는 것을 극복하려했던 '평신도신학정신', 한국기독교의 배타주의와 편파성을 극복하려 했던 '자주신학정신'이 송엽 신학의 배경에 깔려 있는 모습을 찾아볼 수 있습니다.

### 4) 십자가를 지고 땅 끝까지 : 담을 허물고

계속적으로 신앙이란 방언과 같은 신비체험과 물질적인 축복을 받는 것보다도 '창조적인 소수'로서 십자가를 지고 세계로 나가 땅 끝까지 예수 그리스도의 제자로서 그리스도인의 참 삶의 모습을 보여주는 것이라고 강조합니다.

"프로테스탄트 교회가 우리 강산에 처음으로 들어온 100년 전 그 나라는 문자 그대로 땅 끝 중의 끝이었다. 북미주로 이민하는 바벨론 포로 같은 한민족의 움직임이 시작된 것이 19세기 말엽이었던 것은 우연이 아니었다. 우리가 여기 와서 져야 할 십자가를 찾아야 한다. 우리들 자신이 이 '돈'과 '물질 만능'의 사회 경제 질서 속에서 돈만이 아닌 다른 것을 위해서 살아보는 '창조적인 소수'가 되어야 한다. 그리고 세상을 돈과 무력과 정략으로 착취하고 위협하고 조롱하는 폭군 편에 서기를 단호히 거부하고 사랑과 화평과 진실을 가지고서 새 땅, 새 하늘, 새 예루살렘으로 이 땅을 새롭게 하는 십자가의 기독교인이 되어 보아야 한다(뉴욕에서 조국을 생각한다)."

"정말 성령의 세례를 받은 사람의 증거는 초대 교회의 불붙은 신도들이 그 후 땅 끝까지 가면서 삶으로 보여 준 것이다. 영적 세례를 받은 참 신자는 서로 사귀는 일, 함께 떡을 떼는 일, 기도하는 일에 힘썼다. 참 의미의 방언은 정말 외방 사람들이 알아듣는 언어여야 한다. 그것은 아무래도 종족이나 국경이나 문화의 벽을 헐고 사람의 가슴을 감동시키는 영혼의 말, 말씀이 아니겠는가? 말의 궁극적인 목적은 마음을 꿰뚫고 오고 가는 사랑의 대화이기 때문이다(뉴욕에서 조국을 생각한다)."

"한민족의 개신교와 천주교는 특별한 십자가를 지기 위해 그동안 쓰라린 시련의 용광로를 경험해왔다고 생각한다. 세계 인류가 참 한식구가 되어가는 과정에서 우리를 세워 쓰시려는 섭리가 계신 것을 믿고 싶다. 우리는 동서의 이념 전쟁의 치열한 싸움터에서 강대국의 이해를 위해 너무나 값 없이 보람 없이 젊은 목숨들을 잃었다. 그러고도 오늘까지 참나라를 못 찾았다. 우리가 맡은 배역이 아주 슬픈 피눈물 나는 희생과 고난을 요구하는 것이 오히려 당연하다. 우리는 십자가의 백성이다. 우리나라는 '수난의 여왕'이다. 땅 끝에서 땅 끝까지 우리가 구주로 받는 분의 증인으로 우리 삶을 살아가자(뉴욕에서 조국을 생각한다)."

빚진 민족에서 베푸는 민족으로 겨레를 깨워 탈바꿈하고자 했던 송엽의 이러한 비전은 하나님의 특별하신 은총으로 기적과 같은 성과를 나타내며 발전하게 됩니다. 월드비전을 비롯하여 한국은 이제 빚지는 나라에서 세계 방방곡곡에 있는 어려운 사람들을 도와주는 빚을 되돌려 갚는 지구상 유일한 나라로 각인시키며 세계인을 감동하게 합니다. 동시에 무리하고 무식한 해외단기선교 및 오만한 해외봉사활동 등 많은 역기능을 초래하기도 했습니다.

아프가니스탄 무장단체 탈레반이 납치했던 피랍자 19명의 석방이 결정된 후 선교봉사단을 위험지역에 내보낸 개신교의 대한 책임론이 고개를 들고 있는 무렵, 송엽을 인터뷰한 기자는 종교와 선교와 해외봉사가 준비단계도 없이 무모하게 "싸구려화" 되는 것에 대한 송엽의 단호한 경고를 다음과 같이 전달합니다.

"종교에 바탕을 둔 봉사라면 상대 문화에 대한 배려, 존중, 배움의 자세를 가지고 가야 하는데, 종교인으로서 가져야 할 본연의 자세를 잃어버렸다. ... 요즘 해외 봉사 선교활동이 아무런 준비 없이 배낭여행 식으로 마구잡이로 진행되고 있다."

"6·25 한국전쟁 때 죽음 바로 직전에서 기적적으로 살아난 이후 삶은 곧 베풂이라는 것을 깨달았다.'는 이 박사는 지금까지 오로지 봉사와 베풂만을 생각하며 살아왔다. 아랍 피난민들을 위한 구호사업, 유엔 유니세프의 대표로 이집트, 인도, 방글라데시 등의 아이들을 보살피는 활동을 해왔던 그에게 봉사란 '상대를 배려하며 베푸는 것이 아니라 평생 그들에게서 배우는 것'이었다."

"그에게 배움이란 다름 아닌 '종교인으로서의 성숙함'에서 나오는 것이다. 그래서 이 박사는 '종교인이 죽음을 담보로 베풂과 선교를 하는 것은 당연하다. 하지만 그것이 무모함, 소영웅주의에 의해 이뤄져서는 안 된다. 순교라는 말을 너무 쉽게 입에 올리면서 종교를 싸구려로 만들고 있는 건 아닌가 뒤돌아봐야 한다'고 지적했다."

"'종교의 싸구려화'. 그는 '종교적인 성숙 없이 무모하게 봉사라는 이름만으로 위험지역에 뛰어드는 모습, 종교인으로서 책임감 없이 무모하게 타 문화에 뛰어들어 종교를 강요하는 모습은 반성해야 할 부끄러운 모습'이라고 밝혔다."

"그가 경계하는 것은 '오만함'이다. '내가 나보다 못 사는 사람에게 뭔가를 베푸니까 뭔가 대단한 일을 하고 있다는 생각에서 벗어나야 한다'고 역설했다. '겸손하고 소박한 자세로 한껏 낮춤으로서 비로소 종교인으로서, 평생을 바쳐 누군가를 위해 내 한몸을 희생해야 겠다는 마음이 생겨나는 것이다.'..."

"그는 오만함에서 벗어나는 것은 배움의 자세이고 배움의 자세는 철저한 준비에서 나온다고 말했다. 그가 '해외봉사, 특히 우리가 베풀어야 하는 못살고, 헐벗은 타 종교 국가에서 이뤄지는 종교단체의 봉사활동은 무엇보다 준비가 필요하다'고 역설하는 이유다. '하룻밤 사이에 누군가를 돕고 싶다고 훌쩍 떠나 1~2주 봉사하고 오는 것에서 뭘 얻어올 수 있겠는가'... '1주 동안의 봉사를 하기 위해서는 적어도 1년의 준비는 있어야 한다'고 말했다. 그런 배움의 준비를 통해 봉사는 긍정적인 선교로 이루어질 수 있다는 것이다(남상욱 "이윤구 박사 '종교 해외 봉사활동, 다시 돌아봐야'", 헤럴드POP, 2007.08.31.)."

제7장 〈헌사〉

큰 스승을 기억하며

2015년 11월 6일, 제1회 송엽 이윤구 박사 사회복지지도자상 시상식이 열리는 날, 선후배, 동료, 지인들이 함께 모였다. 이윤구를 기억하며 그에게 보내는 헌사들을 모아 보았다.


제가 이윤구 회장을 처음 만난 것은 1960년 강의실이었으며, 이후 지금까지 선배와 스승으로 모시고 있습니다. 그를 알게 되면서 그의 성품에 매료되었습니다. 끊이지 않는 열정과 애정, 그의 사고와 생각에는 늘 풍성한 추진력이 있었고 후배들을 격려하고 옳고 그른 것을 일깨워 주셨습니다. 불의에 타협하지 않는 정의로운 분이셨기에 이 같은 사회복지계의 큰 별을 기억하는 사업을 하고 싶었습니다. 이윤구 회장님은 국내에서는 함석헌 선생을, 해외에서는 간디 선생을 좋아하시고 그 분들의 삶을 늘 우리에게 말씀해주셨습니다.　　　　(최성균, 미래복지경영 회장)

행동하는 사람 이윤구! 월드비전 회장 임기를 마치고 잠시 쉬고 계실 때 여의도의 한 카페에서 이윤구 박사님을 만났습니다. 듬성듬성한 백발 머리, 계란형의 얼굴, 한 눈에 알아볼 수 있는 젠틀맨의 모습과 함께 울려오는 목소리, 한눈에 존경심이 생겨났습니다. 이후 박사님을 초청하여 전 세계 고통당하는 이들의 소리를 듣기도 하고 식사자리를 마련하여 모시기도 하였습니다. 그때마다 박사님은 조금도 주저하지 않고 일을 하는데서는 언제나 해보자는 표현이 스스럼없이 나오셨습니다. 지금도 힘이 들고 어려울 때마다, 포기하고 싶을 때마다 이윤구 박사님을 생각하며 행동하는 모습을 떠올립니다. 그리고 또 행동하게 됩니다. 이윤구 박사님은 행동하는 사회복지사들의 표상이기 때문입니다.

(권태일, 미래복지경영 이사장)


이윤구 박사와 저는 특별한 관계입니다. 우리를 묶어준 것은 기독교 사랑의 공동체입니다. 기독교 청년운동을 같이 하였고, 미국에서 이철수 건 인권변호사로 일할 때 윤구 형은 UN에서 활동하는 국제적인 한국 청년이었습니다. 윤구 형은 인류애에 대해 아주 특별한 사랑을 가지고 계셨습니다. 아주 특별한 사명을 갖고 이 세상에 태어난 사람입니다. 예수님 12제자 중 청소년 부분을 더한다면 그가 13번째 제자가 되지 않았을까 할 정도였습니다. 그는 쉬는 시간이 별로 없었습니다. 가난한 곳, 빈촌에는 그가 늘 있었기 때문입니다. 아프리카, 북한 특히 북한 아동에게는 아주 특별한 생각을 갖고 늘 눈물을 글썽거렸습니다. 결핵문제, 굶주림 문제로 여기저기 뛰는 것을 볼 때 가슴이 뭉클하기도 했습니다.

(유재건, CGN TV 대표, 전 국회의원)


전문가들이 함께 모여 일하는 세계에 본받고 싶고 배우고 싶은 앞서가는 인물이 있다는 것은 행운입니다. 송엽 이윤구 박사는 그가 생전에 보여주고 실천한 정열, 헌신, 사랑으로 많은 사람을 감동시켰고 사회복지의 사회적 역할을 확장시켰습니다. 그러므로 그가 많은 후배, 제자들의 롤 모델로서 여전히 영향을 미치고 있는 것은 당연하다고 하겠습니다. 그는 많은 사람들의 마음속에 계속 살아 움직이고 있는 지도자입니다.

(김신일, 서울대 명예교수, 전 교육부총리)

한국사회복지사협회 회장과 강남대학교 총동문회장은 제가 먼저 경험하였으나 이윤구 박사는 인생 선배이자 강남대학교 선배이십니다. 저는 이윤구 박사를 통해 사회복지 국제관계를 배울 수 있었습니다. 몸소 국제협력활동을 추진해오며 후배들에게 나누어 준 그 경험과 열정은 고스란히 그에 대한 존경의 마음으로 자리잡게 되었습니다.

(조기동, 제3대 한국사회복지사협회 회장)

그가 인도지역 UN 대표의 구호봉사의 책임자로 재임하고 있을 당시, 마침 그때 나는 그 이웃나라 방글라데시에 KNCC가 주관 파송하는 해외의료선교봉사단의 총무의 책임을 지고 다카를 중심으로 활동하고 있을 때였습니다. 이슬람 국가에서의 기독교 선교활동은 대단히 엄격한 통제 휘하이며 우리의 활동은 의료봉사사업을 내세운 매우 어려운 제한된 활동일 수밖에 없었습니다. 어려운 상황에서 이윤구와 만날 수 있었습니다. 바쁜 와중에 시간을 내서 나의 단기선교지, 다카에까지 델리에서 날아온 성의에 나는 그저 고마울 뿐 감사의 말 표현을 찾을 길 없었습니다. 그의 방문은 큰 위로와 힘이 되었습니다. 그의 사려깊은 기독교 신앙관과 국제봉사활동에 관한 참고 될 다이네믹스의 나눔은 매우 유익한 저녁 만나가 되었습니다.

(노상학, 전 강남대학교 사회복지대학원장, 강남대학교 2회 사회사업학과 동문)

이윤구 박사님은 강남대학교의 창학이념인 경천애인(敬天愛人)을 몸소 실천한 우리 대학의 자랑스러운 동문입니다. 또한 온누리에 평화와 희망을 수놓으며 평생을 어려운 이웃을 위해 의롭게 살다 하나님의 부르심을 받으셨습니다. 지금 그분의 육은 비록 우리 곁에 없으나 인류 평화를 위한 그분의 숭고한 정신은 우리 곁에 남아 영원히 함께할 것입니다.

(윤신일, 강남대학교 총장)

너희 나라의 유명한 국제인도주의 실천가 윤구 리를 알고 있느냐? 대학시절 미국의 유명한 교회지도자의 질문에 처음 듣는 이름이라고 했습니다. 그는 윤구 리가 한국 사람으로 중동지역, 동남아지역에서 세계 교회들과 함께 일선에서 가난한 사람들을 돕는 세계적 지도자라고 나에게 알려 주었습니다. 내가 월드비전 회장직을 맡고 있을 때 어느 회의에서 대회장이 와서 이렇게 말했습니다. 1990년대 초 남미에서 개최되었던 월드비전 세계대회에서 윤구 리가 한 강연은 아마도 월드비전 역사에 길이 남을 위대한 선언이었다는 것입니다. 이윤구 박사는 수백 명의 세계대표자들 앞에서 한국은 더 이상 도움을 받지 않고 자립할 것이며 동시에 세계 가난한 어린이들을 돕는 후원국이 되겠다고 했습니다. 월드비전의 최초의 수혜국이었던 한국이 최초의 후원국으로 전환하는 대혁신을 선언했던 것입니다. 이 박사의 인도주의적 철학과 세계무대에서의 인도주의 실천의 산 교훈을 깨달아, 제2, 제3의 닥터 윤구 리가 세계무대에 우뚝 서게 되길 바랍니다.

(박종삼, 숭실대학교 명예교수, 전 월드비전 한국 회장)

내가 노숙인 시설을 운영할 당시 부산 형제원 사건이 터졌습니다. 사회로부터 지탄을 받을 때 이윤구 회장은 월드비전 회장과 한국기독교사회복지학회 회장을 겸하고 계셨습니다. 노숙인 문제 이대로 좋은가 라는 주제로 과감히 세미나를 열어 우리의 문제를 심층 분석하고 지도해 주셨으며 우리 모두를 보호하고 사회가 제대로 이해해야 한다고 하셨습니다. 어려움과 불의를 보고 참지 못하는 성격인 것 같습니다. 이를 계기로 이분과 가까워졌고 함께 만나 사회문제를 의논하고 걱정하였습니다. 저도 미약하지만 작은 힘을 보태고 싶습니다.

(박성택, 현양원 이사장, 전 한국사회복지관협회 회장)

새 생명은 나의 것이 아닌 가난하고 병든 이웃을 섬기기 위해 하늘이 주신 생명이라며 그들을 위해 사랑과 열정을 다하신 이윤구 박사의 생을 기억합니다. 이윤구 박사는 1991년부터 1996년까지 월드비전 한국 제5대 회장을 역임하며 한국 월드비전이 도움을 받던 나라에서 주는 나라로 발돋움하는 데 큰 역할을 하셨습니다. 험한 길을 오히려 기쁨과 감사로 걸어가며 수많은 사람들을 그 길에 함께 일으켜 세운 이윤구 박사의 큰 뜻이 지금을 살아가는 우리들에게 잊혀지지 않는 귀감과 선한 도전이 되기를 바랍니다.

(양호승, 월드비전 한국 회장)

이 박사님이 30년 가까이 한국 사회복지계에 남긴 족적은 아직도 뚜렷하게 기억되고 있습니다. 복지국가 본산지인 영국에서 공부한 경험과 국제기구에서 일한 경험으로 80년대 후반부터 우리 사회의 사회복지를 폭넓게 보는 새로운 시각을 제공하는 데 앞장 서셨고, 사회복지 활동의 틀을 넓히는 데 헌신하신 것은 훌륭한 업적이 아닐 수 없습니다.

(최성재, 서울대 명예교수, 전 청와대 고용복지수석)

이윤구 박사님을 생각하는 것은 우리나라 사회복지 현장 70년을 고스란히 떠올리는 일입니다. 이윤구 박사의 복지인으로서의 삶 그리고 보다 넓은 영역의 지도자이셨던 삶이 우리에게 시사하는 바 혹은 남겨주신 유산이 무엇인가를 생각하게 됩니다. 감히 말씀드릴 수 있는 것은 그분이 여러 곳에서 여러 형태로 사람이 사람답게 살게 하는 일에 쏟아 부으신 엄청난 열정과 그 열정의 일관성에 대해서입니다. 우리의 복지가 전문화되고 제도화 됨에 따라 그 영역에 몸담고 있는 우리들의 관심사가 가슴에서 우러나는 인간적 정감을 따르기보다 지식에 바탕한 객관성에 무게를 두게 된 것이 아닌가 합니다. 그를 더할 나위 없이 자랑스런 동료, 스승, 선배로 모실 뿐 아니라 그를 통해 우리의 오늘을 재조명하고 앞날을 새롭게 다짐하여야 겠다는 생각입니다.

(박보희, 한국사회정보연구원 원장, 전 이화여대 교수)

삶의 의미를 가늠하는 척도 중 보다 중요한 것은 물질적 풍요나 소유가 아니라 나눔의 질과 내용입니다. 나누지 않는 풍요는 빈곤과 다르지 않습니다. 이윤구 박사는 이러한 삶의 철학을 몸소 실천한 대한민국의 대표 사회복지지도자입니다. 격동과 풍랑의 현대사 속에서 평화와 생명 존중, 봉사와 박애정신을 앞세우며 일생을 헌신하신 이윤구 박사의 정신을 계승하는 의미있는 자리입니다. 세상을 떠나기 직전까지도 자신의 건강은 하나님이 주신 선물이라며 어려운 이웃들, 특히 고통받는 북한

동포들을 위해 좀 더 봉사와 나눔을 실천하자고 외치시던 모습이 많은 사람들 뇌리에 생생히 새겨져 있을 것입니다.

(이제훈, 초록우산 어린이재단 회장)

이윤구 박사님은 사회복지를 진정으로 사랑하셨습니다. 선생님은 사회복지에 대한 뜨거운 마음과 불타오르는 정열을 눈물로 나타내셨습니다. 그 눈물은 너무나 뜨거웠습니다. 어려운 사람들의 실정을 말씀하시다가 눈물을 흘리시는 모습을 볼 때면 보는 우리들은 송구스러워 눈길을 마주할 수 없었습니다. 우리 모두는 선생님을 본받아 가슴이 뜨거운 사회복지사가 되어야 합니다. 가슴으로 하는 사회복지사가 됩시다.

(김성이, 한국관광대학교 총장, 전 보건복지부 장관)

저는 이 박사와 중앙신학교 사회복지학과 입학동기입니다. 형 동생하면서 50여년의 세월이 지났습니다만, 그는 저와 달리 동서양을 넘나들면서 사회복지 지도자로서 실로 엄청난 일을 했습니다. 함석헌 선생까지도 내가 윤구에게 성경을 가르쳤지만 사랑은 윤구에게 배웠다라고 하신 말씀에서 드러나듯이 이윤구 박사는 예수의 사랑을 세상에 실천한 모범적 크리스천이라고 나는 강조하고 싶습니다.

(김종태, 사회복지법인 평화의마을 이사장)

이윤구 박사의 사회봉사에 대한 철학과 정신이 사회복지 일선에서 헌신하고 있는 수많은 사회복지계 인재들에게 계승 발전되기를 염원합니다. 이윤구 박사는 저와는 한 캠퍼스에서 노상학, 김명우, 김만두, 김종태 등과 같이 공부한 학우입니다. 바라기는 이 나라의 제도화된 사회복지의 역사가 그리 오래되지 못한 현실에서 많은 분야의 시행착오적인 과정을 겪으며 점진적으로 발전하고 있는 사회복지 분야에 바르고 적절한 길잡이가 되기를 바랍니다.　　　　(조치원, 전 기독교세계봉사회 사무총장)

이 박사와 함께 초중고를 다녔던 친구로서 그의 어린 시절을 회상해 봅니다. 그는 항상 긍정적이고 남을 배려하는 성격의 소유자였습니다. 어렸을 때부터 기독교 신자였던 그는 마치 요셉과 같은 삶을 살았습니다. 그가 60년대 초 중동, 팔레스타인 난민사업소 책임자로 고국을 떠난 후 그 사업을 성공적으로 마치고 영국에 가서 박사학위를 받고 유엔에 들어가 유니세프 인도, 이집트, 방글라데시 책임자를 거치면서 한 일들은 참으로 놀랍지 않을 수 없습니다.　　　　(조남진, 전 강원일보 사장)

최성균 회장과는 어린 시절 미아리의 작은 교회에서부터 인연을 맺어 왔고 그를 통해 이윤구 박사와 인연을 맺게 되었습니다. 월드비전에서 진행하는 행사에 초대되어 여러 차례 음악나눔을 했었습니다. 사회복지를 사랑하고 음악을 사랑하는 이윤구 박사의 모습이 아직도 눈에 선하게 그려집니다. 그 첫 시작을 알리는 행사에 함께 할 수 있음에 무척 기쁩니다.　　　　(박인수, 서울대학교 명예교수)

이윤구 박사는 한국사회복지의 선구자로 학문적으로나 실천적으로나 커다란 족적을 남기신 분입니다. 박사님의 사회복지철학의 이념과 정신을 계승하고 우리 사회의 복지미래를 개척해나가는 인재를 발굴하고 격려하게 되어 참으로 감사합니다.

(조규환, 엔젤스헤이븐 회장, 전 한국아동복지협회 회장)

처음 뵈었던 선생님은 특유의 온화하고 인자하신 미소와 언행으로 대해주셨습니다. 영국과 유럽의 사회복지제도와 실천방법에 관한 많은 조언을 주어 제가 사회복지서비스 전달체계와 기초생활보장제도의 틀을 만드는 정부의 연구에서 적지 않은 공을 세울 수 있게 도움을 주셨습니다. 항상 왕성하게 활동하셨던 선생님을 갑자기 떠나보내고 저와 많은 후학들은 큰 어른을 잃은 슬픔을 주체할 수가 없었습니다. 이제 저와 함께 많은 사랑을 받았던 제자 최성균 회장이 스승의 뜻을 영구히 기리고자 사회복지지도자상을 제정한 것에 대해 무한한 찬사와 존경을 보내고 싶습니다.　　(최일섭, 서울대학교 명예교수, 한국사회복지사협회 인적자원연구원장)

이윤구 박사님께서는 불과 몇 십 년 전까지만 해도 불모지와 같던 우리나라 사회복지분야를 오늘날과 같이 선진화 된 정책 체계를 구축하는 데 있어 큰 기여를 하셨을 뿐만 아니라, 한국청소년정책연구원장, 대한적십자사 총재 등을 역임하시며 우리나라 청소년분야 발전과 남북관계 개선을 위해서도 헌신하신 이 시대의 사표(師表)이십니다.

(차광선, 세계도덕재무장 한국본부 총재, 전 한국청소년단체협의회 회장)

부족한 저에게 동북아시아 평화복지대학원을 일본에 만들 것을 제안하시고 일본의 역할이 중요하다고 하시던 그 혜안 그 사상은 사랑과 평화였습니다. 교토까지 오셔서 뜨거운 정열을 토하시던 그 모습 그립습니다. 손수 작성하신 플랜은 보물이 되었습니다. 선생님의 고귀한 뜻을 이어가도록 노력하겠습니다. 평화통일만을 생각하신 이윤구 박사님 통일의 그날 선생님과 함께 춤을 추고 싶습니다.

(윤기, 사회복지법인 마음의가족 이사장)


제가 기억하는 이윤구 박사는 평생 지구촌의 가난한 나라를 돕고 죽어가는 어린이를 살리는 일에 헌신하신 분이고 불같은 열정의 실천가이자 냉철한 시각을 가진 이론가로서 뜨거운 얼음 같았던 분입니다.

(조성철, 한국사회복지공제회 이사장)


한평생 NGO 실천현장에서 검증된 복음의 실천적 세계관을 중심으로 인제대학에서 학사행정의 지도력과 후학교육을 통하여 참다운 그리스도 제자의 도리를 몸소 보여주셨고 마지막 한 때를 한동대학 석좌교수의 위치에서 가르치시다가 지상의 낙원 하와이에서 한국 남성의 평균수명보다 7년 더 많은 연세에 하나님의 부르심에 착하고 신실한 하나님의 종으로 이 생을 영예롭게 마감하셨습니다. 그는 지구촌 사회복지영역에 기여한 대한민국의 한 귀인입니다.

(이부덕, 숭실대학교 특임교수, 시카고로욜라대학 명예교수)


한국의 사회복지현장에는 훌륭한 분들이 많습니다. 반면에 그 분들을 기리고 세우는 일에는 다소 아쉬운 느낌이 없지 않았는데 이윤구 사회복지지도자상의 제정 시행이 사회복지현장의 지도자들과 미래의 지도자들에게 이윤구 박사님의 헌신과 열정이 숭고하게 계승되는 고귀한 계

기가 되기를 바랍니다.　　　　　(최주환, 한국사회복지관협회 회장)

　이 박사님께서 월드비전 회장을 역임하실 때 전국 85개 시설에 4천여
명의 아동들, 고아와 과부, 미혼모, 장애인들을 극진히 사랑해주시고,
경제적인 지원도 계속 해주시고 시설장들과 직원들의 신앙수련회도 매
년 개최하여 모든 아동들을 그리스도 사랑으로 양육하도록 애쓰신 일들
을 생각하면 당시 월드비전 시설연합회 회장으로서 지금도 한없는 감사
를 드리고 싶습니다.　　　(심순택, 나주 백민원 원장, 전 월드비전시설연합회 회장)

　그분의 삶은 신실한 기독교인으로 말보다는 겸손한 마음으로 기도하
며 인류복지를 위해 헌신하셨고 또한 교육자로서 삶의 철학과 사상을
후배와 제자들에게 남기고 떠나신 고귀한 분이셨습니다. 이제 그분의
사상과 실천이 우리 곁에 남아 우리를 일깨우고 있으며 그 실천에 우리
는 함께할 것입니다.　　　　　　　(안영희, 강남대학교 총동문회 회장)

　예수님을 향한 믿음 안에서 일평생 한민족 공동체의 형성과 세계 만
민구호를 위해 헌신하셨던 이윤구 박사님께서 행하셨던 업적과 정신이
만방에 희망의 불씨로 전파되기를 간절히 소망합니다.

　　　　　　　　　　　　　　　　　　(안창원, 서울YMCA 회장)

　송엽 선생의 티 없이 맑고 부드러운 모습이 이 가을 끝자락, 지치지
않고 다시 길을 나설 수 있게 우리를 이끌어주는 것 같아 정말 좋습니
다. 자신을 존중하기 못하는 사람이 남을 잘 대접할 수는 없는 법. 송엽

선생을 통해 우리 자신을 돌아볼 수 있는 기회를 마련해주신 미래복지 경영에 힘찬 박수를 보냅니다.

(박현경, 전 서울여성가족재단 대표이사, 전 이화여대 사회사업학과 동문회장)

이윤구 박사님은 사회복지전문가들의 단체인 사회복지사협회가 제 대로 일을 해야 사회복지전문직도 발전할 수 있다면서 뜻있는 사회복지 계 인사들로부터 협회 운영을 위한 기부금 모금운동을 하기 시작하셨습 니다. 또한 이름뿐이던 사회복지사 윤리강령을 시대적 요구에 맞게 개 정하여 그 당시 양적인 팽창을 시작한 사회복지현장이 윤리적으로 무장 하고 질적으로 성장할 수 있는 환경을 조성하고자 하셨습니다. 그 과정 에서 자신의 존재는 낮추고 능력 있고 뜻있는 주변 동료들의 힘을 모으 고 결집하는 이윤구 박사님의 모습을 볼 수 있었습니다. 이것이 진정한 지도자의 모습이 아닌가 싶습니다.

(양옥경, 이화여대 교수, 한국여성사회복지사회 공동대표)

솔잎의 그윽한 향기는 온 산을 감싸고 소나무는 겨울이 와도 그 푸름 을 잃지 않아 만고에 청청합니다. 송엽 이윤구 박사님의 사회복지에 대 한 그 불타오르던 열정과 이 땅의 청소년과 미래에 대한 열망, 그리고 사회와 민족에 대한 연민은 사라지지 않는 불꽃이 되어 우리 사회를 비 추어야 할 것입니다. 언젠가 만일 이윤구 박사님이 우리 곁에 다시 오신 다면 우리는 그 분께 대답을 해야 할 것입니다. 우리는 그분의 철학과 신념을 묵묵히 실천하고 있노라고.

(이배근, 무궁화복지월드 상임이사, 한국아동학대예방협회 회장)

송엽 선생님께서는 생전에 유엔의 구호활동기획가로 저개발국에 파견되어 우물파기사업 등 다양한 활동을 전개하셨으며, 우리나라 시민사회와 자원봉사의 발전을 위해 부단한 노력을 기울이신 분이다. 특히 인제대학 총장 재직 시에는 대학생들의 봉사활동을 의무화하고 캠퍼스 봉사학습의 도입을 선도하여 대학 인성교육의 표상이 되셨다.

(이창호, 남서울대 교수, 전 서울대 사회복지학과 동문회장)

후손에게 후배들에게 세상 사람들에게 이름 석자를 어떤 모습으로 남기느냐가 우리네 삶에 중요한 지표일진대 박사님을 조용히 생각해보았습니다. 너무 건강하고 멋진 외모를 갖추셨고 그러면서도 일생생활에서 정말 돋보이는 것은 사모님을 얼마나 아끼고 사랑하시는지, 처음 박사님께서 소천하셨다는 소식에 제일 먼저 떠오른 것은 사모님의 얼굴이었습니다. 그토록 잉꼬처럼 함께 하시던 박사님을 보내시고 어떻게 사셔야 하나 하며, 평소 항상 두 분이 그림자처럼 함께 하시는 그 모습이 너무나도 아름답고 보기가 좋았기에 잊을 수가 없었습니다. 우리나라 복지를 위해 항상 고민하고 후배들에게 온갖 심혈을 다 기울이면서 힘을 실어주신 그 열정은 어느 누구도 따라갈 수 없는 우리들의 영원한 대부라고 표현하고 싶습니다.

(고옥자, 춘천시사회복지협의회 회장)

이윤구 박사님을 회상하면 순수열정이라는 말이 떠오른다. 깡마른 아프리카 아동을 안고 하나님을 원망하듯 하염없이 눈물을 쏟으시던 모습, 분단된 조국의 현실에 애통함을 감추지 못하고 통곡하며 애끓게 기도하시던 모습, 외롭고 소외된 사람들을 위한 일이라면 만사 제치고 앞장서시던 모습, 불의는 조금도 참지 못했던 정의감과 애국심이 투철했던, 사회복지계 뿐만 아니라 나라의 큰 어른이셨다. 이윤구 박사를 기리는 사회복지지도사상이 제정된 것은 대한민국 사회복지실천의 정통성 맥을 잇는 일이다.　　　(정무성, 숭실사이버대학교 부총장, 월드비전 한국 이사)

이윤구 박사님은 자원봉사 철학의 보편화에 의한 인간소외의 극복, 빈부의 격차해소, 빈민 구호활동과 북한 돕기에 평생을 헌신하신 분이셨다. 2003년 인도에서 대학생 파견단과 봉사활동을 하던 중 현지를 방문해주신 선생님과 4박5일 여정은 수학자인 본인의 삶에 자원봉사의 열정을 싹틔우는 전환점이 되었다. 독실한 기독교인이심에도 불구하고 부처님에 대한 경외심과 불교유적지에 대한 해박한 지식과 문화사랑은 종교 갈등을 빚고 있는 모든 인류의 귀감이 되고 있다.

(이성철, 남서울대학교 교수, 전 미래복지경영학회 회장)

화려한 이력과는 달리 선배님은 한평생 낮은 자, 없는 자에게 퍼주는 삶을 살며 자신의 이름으로 된 땅 한 평, 집 한 채도 없이 빈손으로 살다 떠나셨습니다. 이윤구 선배님은 우리나라 사회복지 분야를 개척한 선구자이며, 국제적 구호와 봉사활동을 지속적으로 수행해왔고, 세계를 바라보는 안목과 균형감 있는 시국관으로 사회적 통합을 호소했던 실천적 지식인입니다. 후배들에게 비춰진 선배님의 모습은 북한 아이들의 처참한 삶의 모습을 얘기하시다가 눈물을 보이시고 사회복지사로서의 힘든 삶을 살아가는 후배들을 격려하고 위로해주셨던 따뜻한 마음의 소유자셨습니다.　(공상길, 신길종합사회복지관 관장, 강남대 사회복지학부 총동문회장)

# 그 이름 참 예수 제자

전덕기(시인, 가화의료재단 이사장)

이윤구! 그 이름 위에 새겨진
참 예수 제자!

낮은 자
가난한 자
헐벗고 굶주린 자 편에서만
늘 목메인 강론!

소말리아!
아프리카!
울며 울며 호소하시던
그들 어찌하고
떠나셨습니까?

천국에서도 더 큰 것으로

보살피고 계시겠지요?
하나님 품에 안긴 나사로처럼
이 세상 험한 꼴 다 보신
당신은 참 예수 제자이셨으니

제4부

# 미래 세대에게

# 제8장

# 이윤구의 글

# 하늘만 믿은 님(信天翁)과 퀘이커 신앙

씨알의 소리 1989년 4월호

## I. 머리말

님께서는 육신의 옷 '외'를 훨훨 벗어 버리시고 하늘나라를 향해 아주 우리 곁을 떠나셨습니다. 푸른 태평양의 끝도 없는 하늘을 시원스레 나는 신천옹(信天翁)처럼 저 높은 곳에서 지금쯤 즐거이 부르고 계실(30여 년 전에 님께서 쓰시고 우릴 보고 따라 부르라시던) "내 주를 가까이"가 들려오는 것 같습니다.

가벼운 날개쳐 하늘갈 제
해, 달, 별 다 잊고 올라가리
영원히 노래로 내 님을 가까이
내 님만 가까이 더 가까이

'퀘이커로서의 함석헌 선생'이란 제목으로 선생님 추모 특집 원고청탁을 받았습니다. 씨알의 소리를 다시 펴내는 일을 위해 애쓰는 님들에 대한 감사의 뜻을 표하기 위해 붓을 들었습니다. 씨알에게 한두 마디 할 말을 적어 보는 것도 무의미한 일은 아닌 듯합니다. 그러나 몇 번을 망설였습니다. 함 선생님을 가까이 모시고 선생님의 측근이라 생각하고 씨알의 식구라 자부하는 분들이 적지 않은데, 이 글을 쓰는 사람은 씨알의 자격을 잃은 쭉정이 같은 못난이임을 누구보다 잘 알기 때문에 '씨알의 소리'를 더럽힐 것 같은 두려움이 앞서기 때문입니다. 선생님을 우러러 섬기지도 못하고 크게 선생님의 삶에 도움도 못된 죄책으로 고개를 들지 못하는 후학이 무슨 낯짝으로 감히 선생님을 말하겠습니까? 무례하고 당돌한 짓입니다.

그러고는 다시 기도하며 생각을 했습니다. 원고지를 꺼내 놓고 책상에 앉았습니다. '씨알의 소리'가 그 어려운 시련을 겪고 있던 무렵에 국외에서 편하게 잠을 잤던 죄를 이번에 다소 탕감받을 기회가 주어진 것 같습니다. 하늘로 가셨지만 혼으로는 우리를 아주 떠나시지 않은 선생님께서도 빙그레 웃으시며 한 번은 써보라고 하시는 것 같은 느낌이 있습니다. 선생님을 퀘이커 신앙의 세계로 안내했던 다소의 책임을 져야할 입장이어서 용기를 내봅니다. 후세의 역사기록에 한 가닥 도움이 되기를 바라는 마음도 아울러 있습니다. 이 짧은 지면에서 '퀘이커로서의 함 선생님'을 말하기 보다는, 도대체 퀘이커 신앙이 무엇이기에 선생님 삶의 완숙기인 1950년대 후반부터 관심을 가지시다가 1967년에는 당신을 퀘이커라고 부르라고 하셨을까 하는 궁금증을 조금은 풀어보는 데 초점을 맞추어 보겠습니다.

## II. '바보새' 퀘이커 신앙의 둥지를 찾다

'바보새'는 신천옹(Albatross, Mollymawk, 학명 Diomedeidae)의 별명입니다. '스투피드 걸(Stupid gull : 바보 갈매기)'이라는 화란사람들의 용어에서 바보새란 말이 나온 듯 합니다. 선생님이 이 새를 당신의 딴 이름으로 고르신 것은 우연한 일이 아닙니다. 선생님은 정말 하늘을 믿는(信天), 바보같은, 그러나 하늘을 웅비하는 할아버지(翁)였습니다. 하늘만 쳐다보고, 세상의 구차스러운 제도·조직·형식·교리·우상들을 대단하게 보시지 않으셨습니다. 하늘에 계신 하나뿐인 '님' 시공(時空)을 초월하여 만민의 혼 속에 살아서 움직이는 우주적인 영(靈)만을 믿음으로 살다가 가셨습니다. 참삶을 위해 날마다 이 세상의 잡다하고 번거로운 굴레에서 벗어나서 하늘을 날으면서 하늘의 소리를 즐기시고, 그 고요하고 은은한 하나님의 음성을 다시 씨알의 눈물과 땀 속에서 찾고 함께 울고 웃으시며 90 평생을 겨레의 양심으로 사셨습니다.

'바보새'가 퀘이커 신앙인들에 대한 지식을 처음 얻은 것은 그가 오산학교에서 교편을 잡고 있을 때였습니다. 카알라일의 '싸투 리싸투스(Sartor Resartus : 의상 철학)'를 읽으시면서 조지 폭스(George Fox : 1624-1691, 퀘이커 모임의 창시자)의 '가죽옷' 이야기에 크게 감동되셨습니다. 퀘이커(공식명칭은 The Religious Social of Friend : 종교 친우회)에 대한 선생님의 깊은 관심은 제2차 세계대전 중에 시작되었습니다. 구라파와 북미에서 전쟁에 대한 양심적 반대를 선언하고 퀘이커들 가운데 많은 청년들이 감옥으로 가든가, 사회봉사로 군복무를 떼우든가 하는 사실이 선생님의 가슴을 벅차게 했습니다. 그러나 퀘이커가 되겠다는 생각은 꿈에도 하시지 않았습니다. "그저 구경꾼이었다"고 님께서는 그후 늘 말씀하셨습니다.

선생님이 퀘이커가 되신 제일차적이고 직접적인 동기는 님께서 세상의 모든 친구들로부터 버림을 받고 절망 속에서 신음하며 외로울 때, 참벗이 그리워서 못견딜 때 벗들(The Friends)이 찾아와서 위로를 받았기 때문이었다고 님께서는 글로 남기셨습니다. 소상한 사연을 여기 소개하기는 어렵지만 1950년대 말기(1950-1960)에 씨알농장(천안)에서 선생님은 어쩌면 그의 삶 가운데 가장 어두운 그리고 쓰라린 날들을 보내셨고, 무교회 신앙동지들을 포함한 많은 친지들이 아예 발을 끊고 말을 아니하는 지경에 이르게 되었습니다. "갈 곳이 없어지고 물에 빠진 사람이 지푸라기에라도 의지해보려 하듯 나는 퀘이커 모임에 한 번 참석해 보았다"고 선생님은 그의 영문 자서전에서 말씀하십니다. 그것이 1958년이었습니다. 선생님의 주일 성경모임에 나가던 한 젊은 학생이 이 땅에서 퀘이커가 처음으로 되고, 그를 통해 선생님은 다시 퀘이커 신앙인이 되신 것은 참으로 이상스러운 인연이었다고 생각됩니다. "하나님의 발길에 채여서 퀘이커가 되었다"고 하셨습니다. 되었다기보다는 오히려 끌리어서 들어갔다고 표현하셨습니다.

## III. 퀘이커 신앙의 특징

선생님의 표현이 어떻든 간에 퀘이커 신앙의 둥우리는 선생님의 외로운 영혼과 육신을 포근하게 감싸주었고 님께서는 세상을 떠나신 날까지 꼭 30여 년을 퀘이커로서 사시다가 승천하셨습니다. 그럼 퀘이커 신앙이 도대체 무슨 매력이 있어서 야인으로 60여 년을 홀홀단신 지나오신 선생님의 마음을 사로잡았을까 생각해봅니다.

### (ㄱ) 영원한 그리스도

선생님이 참 좋다고 생각하신 퀘이커 신앙의 특징은 첫째로 초대 퀘이커들을 하나로 묶은 신앙의 기초, 곧 요한복음의 '영원한 그리스도'였습니다. 제4복음은 퀘이커 신학의 샘입니다. "생겨난 모든 것이 그에게서 생명을 얻었으며 그 생명은 사람들의 빛이었다(요 1:4)."고 한 이 짤막한 요한의 기록은 퀘이커들이 미칠 듯이 감격하고 감동되어 '속의 삶(the Inward Life)', '속의 빛(the Inner Light)', '사람 속의 그리스도(Christ Within)' 같은 독특한 술어들을 지어내게 했습니다. "나는 세상의 빛이다. 나를 따라오는 사람은 어둠 속을 걷지 않고 생명의 빛을 얻을 것이다(요 8:12)". 이 한 줄의 글이 퀘이커 300년 역사를 움직여 온 동력이었습니다. 삶을 살아있는 빛으로 동격화하고 이 생명, 이 광명(Life, Light)이 영원한 그리스도의 살아서 꿈틀거리는 혼으로 현존하여 사람이면 누구에게나 그 깊은 내면에 하나님의 일부분이 씨앗으로 존재한다고(That of God In Every Man) 퀘이커들은 굳게 믿어왔습니다.

요한복음이 퀘이커들만의 복음일 까닭은 물론 없습니다. 다만 분명한 것은 요한복음이 없었다면 아마 퀘이커 신앙은 없었을 것이 거의 확실합니다. 퀘이커들이 즐겨 쓰는 하나님의 씨앗(The Seed of God)이 씨알을 사랑하여 꿈에도 못 잊으신 선생님의 동감을 불러일으킨 것은 가히 짐작할 수 있습니다. 살아서 움직이는 "영원한 그리스도의 빛이 이 세상에 와서 모든 사람을 비추고 있다(요 1: 9)"고 확신하는 퀘이커 신앙은 교리나 신학, 교회의 조직이나 권위보다는 하나님의 씨알 속에 살아있는 '빛'을 소중하게 여기고 있습니다. 함석헌 선생님의 신학의 기조가 바로 이것이었습니다. 신학이라는 말은 퀘이커들이 즐겨 쓰지 않습니다. 신앙의 바탕이라고 함이 옳을 것 같습니다. 선생님은 교차, 교단, 특정 종교의 울타리 안에 갇혀 있을 만큼 적은 혼이 아니셨습니다.

사람이면 누구나, 어느 땅에 살든지, 무슨 종교를 믿든지, 혹은 아니 믿든지 하나님의 '빛', 영혼의 씨앗을 속사람이 소유하고 있다는 것을 아주 강조해 온 퀘이커들은, 이 때문에 자기들의 주장이나 입장을 우월하다 하고 이웃과 남을 경하게 여기는 일을 경계해 왔습니다. 말로는 쉬워도 행하기는 힘든 이 살아있는 신앙, 사는 믿음, 만민을 다 비추는 '빛'을 좇는 마음가짐 때문에 퀘이커들은 종교의 진정한 우주성을 역설해 왔습니다. 조지 폭스가 알제리아로 보낸 편지 속에 타 종교의 경전인 코란을 인용한 예라든가, 북미의 식민 개척지 캐롤라이나 사람들에게 인디안 토족 족장의 '속사람의 빛'을 믿고 대화를 하라고 권고한 것은 노자의 가르침 속에서 '영원한 그리스도'를 찾으시던 함 선생님의 믿음과 같은 맥락에서 생각할 수 있습니다. '바가바드 기타'를 열심히 가르치시던 선생님의 모습을 연상하게 됩니다. 남의 종교를 존중하는 넓은 마음을 선생님은 깨우쳐 주었습니다.

### (ㄴ) 이웃과의 관계 – 평화주의

만민의 가슴 속에 이 '영원한 그리스도'의 씨알이 있다고 믿는 이상, 퀘이커 신앙이 강조하는 두 번째 특징은 이웃과의 윤리적 관계입니다. 사람이면 누구에게나 있는 이 속의 빛, 하나님의 씨알에 대한 '응답 (answer)'이 믿는 사람의 책임입니다. "모든 사람 속의 참에 대한 응답", "땅 위의 모든 백성 속의 하나님의 정의로운 원칙에 대한 대답"을 폭스는 강조했습니다. 그리하여 퀘이커 신앙은 이웃·이웃나라·이민족(異民族) 심지어 원수의 나라를 포함한 모든 사회에 대한 공동책임을 스스로 지고, 인종차별을 죄로 보고, 전쟁을 세상의 제일 큰 죄악으로 간주하며 평화주의의 기수로 자처해 나왔습니다. 원수의 가슴에 총을 쏘는 대신 그 가슴 속의 씨알, 하나님의 씨앗을 향해 이쪽 가슴 안의 참과 빛을 가지고서 대응·응답·교통하는 대안을 주저 없이 내놓습니다. "온 세상을 기쁘게 걸으면서 모든 사람 속에 사시는 하나님께 응답하자(1656)"고 호소했습니다. 비현실적 이상주의라고 세상이 비방해도 끄떡하지 않습니다. 비폭력 무용론의 바람이 아무리 거세어도. 굳건히 서서, 퀘이커 신앙은 평화의 교회를 지금까지 지켜오고 있습니다.

선생님의 평화주의 사상과 실천이 군사정권 아래서 모진 시련을 겪은 것은 어쩌면 당연한 일입니다. 한 치도 후퇴함이 없이 독재권력의 폭력과 부도덕에 저항하면서도, 압박의 칼을 휘두르는 사람들을 불쌍하게 보고 그들의 속사람 안에 분명하게 존재하는 빛과 참의 씨알을 소중하게 여기는 일을 잊지 않으신 것은 참 평화주의자가 놓쳐서는 안될 진리였기 때문이었습니다. 선생님을 적지 않게 괴롭혀 드렸던 일 가운데는 반독재민주화운동을 한다는 사람들이 이따금 비평화적이고 폭력적인 행동이나 참을 떠난 언동과 미움으로 원수를 대응하는 경우였습니다.

선생님의 마지막 공중집회 참여가 지난해 가을 올림픽공원에서 '꺼지지 않는 평화의 불'을 붙이신 일이었습니다. 그 불은 오늘도 선생님의 넋을 기리면서 우리를 밝히고 있습니다. 그 불을 노태우라는 사람과 같이 서서 붙이셨다 하여 적지 않은 비판이 선생님 주위에서 있었습니다. 그러나 적어도 퀘이커 신앙으로라면, 그리고 선생님의 평화사상의 큰 뜻으로라면 선생님의 행함은 백번 옳은 일이었습니다. 선생님은 칼을 빼서 들고 서있는 사람들의 혼 속에 숨어있는 양심, 빛, 참을 두드리며 응답하며 대응하는 것이 바른 길임을 분명히 아셨습니다. 불편하신 몸으로 병원에서 나오셔서 그 불을 켜시고 터지는 가슴을 참지 못해 눈물을 쏟으시던 선생님은 '참 평화의 스승'이셨습니다.

퀘이커 봉사위원회(미국과 영국)가 노벨평화상을 타게 된 해(1947년)에 소련에는 폐결핵이 만연하여 무수한 사람들이 신음하며 죽어가고 있었습니다. 제2차 세계대전 이후 냉전의 회오리 바람이 미소 간의 적대의식을 하늘로 몰아올린 때였습니다. 그런 상황 아래서 퀘이커 신앙인들은 노벨평화상금을 몽땅 들여 그때 새로 나온 결핵약을 사가지고 소련으로 들어갔습니다. 원수를 살리자는 뜻이었습니다. 총과 칼로 대드는 대신 사랑으로 원수의 나라 사람들 속사람 밭에 하나님의 씨앗을 심는 일을 했습니다. 월남전쟁이 극심할 때 의약품과 구제물자를 가득 싣고, 퀘이커들은 폭탄이 비 오듯 하는 하노이로 갔습니다. 이런 마음의 자리가 함 선생님의 종교가 아니었나 합니다. 일본이 해온 일이 그렇게 밉고 분해도 '일본놈'이라 부르지 말자 하셨습니다.

## (ㄷ) 윤리적 신비주의

함 선생님과 퀘이커의 신앙을 알다가도 모를 신비주의로 몰아붙이는 이들이 없지 않습니다. 사실 퀘이커 신앙의 창시자 폭스는 어느 모로 신비주의자였다고 할 수 있습니다. 펜들 힐(Pendle Hill)이라는 산꼭대기에 혼자 앉아 피눈물 나는 기도 속에서 빛과 어둠의 바다가 갈라지는 환상을 보았고, 그의 일기는 신비스런 신앙체험으로 가득 차 있습니다. 함 선생님의 말씀이나 글을 합리주의나 논리를 가지고 풀어보려는 것은 어리석은 사람의 짓입니다. 서양사람들이 일반적으로 선생님의 글을 잘 이해하지 못하는 것은 선생님의 논조나 스타일이 느낌이 없이는 알 수가 없기 때문입니다. 신비주의는 신비주의자만의 전유물은 아닙니다. 보통사람들이 언제나 경험하는 신과의 비밀스런 교통입니다.

'윤리적 신비주의'라는 어구는 알버트 슈바이쳐 박사의 자서전 '내 생애와 사상에서(Out of My Life and Thought)' 속에 나옵니다. 퀘이커들이 참좋아하는 개념입니다. 세상과 사람을 떠나 산 속으로 피해 가서 창조주, 우주의 힘과 대화하고 씨름을 하고 새 힘과 빛을 얻는 신비스런 경험을 신비주의를 신봉하는 사람들의 일로 봅니다. 그런데 신비주의의 부정적인 단면은 그런 귀중한 체험이 자칫하면 한 개인이나 소수의 특정한 사람들의 체험으로 끝나고 만다는 점입니다.

퀘이커 신앙은 이 세상의 모든 고등종교는 예외없는 신비스런 영혼의 체험을 통한 가르침이 있다고 믿고 있습니다. 그 신비한 경험이 모양과 이름, 장소와 환경의 다름이 있어도 깊은 곳에서는 다 하나의 같은 것입니다. 힌두교의 '싸마디(Samadhi)'나 불교의 '싸토리(Satori)'가 다 우주적인 신비체험의 대명사입니다. 문제는 이 신비체험이 하나님과 사람 사이의 수직적인 관계에서 그치지를 않고, 사람과 사람 사이인 수평적인 윤리관계에서 지속적으로 현시되어야 한다는 데 있습니다. 하나님의 실존이 신비적 경험을 가진 사람의 일거수 일투족에서 분명하게 보이고 밥을 먹을 때나 이웃과 담소할 때나 잠자리에 들 때나 예배를 볼 때나 항상 신비롭고 확실하게 나타나야 한다는 점입니다. 성자들이 남긴 글들은 다 이런 공통적 특색이 있습니다.

함석헌 선생님의 삶은 이러한 퀘이커 신앙의 '윤리적 신비주의'를 거울처럼 밝고 맑게 보여준 모범이었습니다. 하늘을 숨쉬듯 접촉하고 하나님과 순간마다 말을 하되 거기서 끝이 나지 않고 하늘과의 대화를 이웃과 나누는 일을 게을리하지 않으셨습니다. 민족의 슬픈 절규를 하늘에 고하고, 하나님의 위로와 공의로운 분부를 곧바로 백성에게 나누며, 불의·부정·부패·패륜을 보면 생명을 내어놓고 바른 말을 하는 신비스럽고 막강한 예언자의 힘을 보여주셨습니다. 선생님과 같은 윤리적 신비주의자들이 지닌 또 다른 한 면은 우주의 힘, 창조주와의 관계에 문제가 있을 때 조금도 주저함이 없이 이 쓰라리고 부끄럽고 안타까운 사정을 주위의 사람들에게 알게 하는 일입니다. "그 곳에서 내가 극복할 수 없는 유혹에 빠져서 변명할 여지가 없는 죄를 범했다"고 말하신 선생님의 용기는 하나님과의 깊은 관계가 맺어져 있는 혼이 아니고는 할 수 없는 참회의 고백입니다.

### (ㄹ) 속사람 씨알의 진화이론

요한의 복음은 "천지가 창조되기 전부터 '로고스'가 계셨다"는 심오한 표현으로 시작됩니다. '말씀'이라든지 '더 워드(the Word)'라는 번역은 '로고스(희랍원어)'의 참뜻을 잘 드러내지 못합니다. "말씀이 곧 참 빛이었다. 그 빛이 이 세상에 오는 모든 사람을 비추었다. 말씀이 세상에 계셨고 세상이 이 말씀을 통하여 생겨났는데⋯⋯(요 1:9-10)"라고 말한 이 '로고스'는 말씀이란 표현보다는 창조주나 영원한 구세주가 훨씬 요한의 생각과 가깝다고 보여집니다. 퀘이커들이 이 '로고스 – 영원한 그리스도', 조물주를 숭앙하고 강조하는 것은 그 절대자께서 "사람이 되셔서 우리와 함께 계셨다(요 1 :14)"는 요한의 확신과, "그분을 맞아들이고 믿는 사람에게는 하나님의 자녀가 되는 특권을 주셨다(요 1 :12)"는 기쁜 소식을 문자 그대로 믿고 행동할 수 있었기 때문입니다. 퀘이커들이 요한의 복음을 통하여서 얻은 신앙은 이 '로고스'가 사람 속에 혼으로 깊숙이 들어와서 그의 창조의 역사(役事)를 창세 전부터 예수에 이르기까지, 그때부터 오늘까지, 그리고 지금으로부터 영원의 오메가까지 쉬지 않고 일하신다는 것입니다. "내 아버지께서 언제나 일하고 계시니 나도 일하는 것이다(요 5:17)"라고 예수가 말했다고 요한은 기록했고, 이 일하시는 '로고스'는 오늘도 이 50억 인류의 속사람, 씨알 속에서 부단하게 역사하고 계십니다. 이천 년 전에 오신 예수에 의해 완성된 것이 아니라 지금 여기서(Now and Here) 인간과 세계를 새로 만드는 일을 위해 '로고스'는 우리의 혼을 자극하고 독촉하고 계십니다.

함 선생님과 퀘이커들이 힘주어 내세워 온 주장은 씨알의 '참'과 '자람'입니다. 씨가 정말 씨려면은 꽉 차서 썩을 공간이 없이 완전해야 합니다. 그러나 씨알이 아무리 완벽하고 참으로 가득 차 있더라도 땅 속에 묻히어서 새싹으로 자라지를 않는다면 그건 미완성, 불완전입니다. 한 어린이의 생명은 그것대로 완전한 생명체임에 틀림은 없지만 성장하여 어른이 되는 진화, 창조의 계속이 없이는 아무 가치가 없고 미완성에 그칩니다. 퀘이커 신앙을 이런 뜻에서 역사 속의 오늘과 공간 속의 '여기(Now and Here)'를 하늘나라로 간주하고 우리가 그 새 예루살렘의 백성으로 최선을 다하여 섬겨야 한다고 인식하며 살려고 노력하고 있습니다. 세속적인 진화론이나 기술과 기계문명은 과거의 원인(a tergo)이 결과를 가져오는 인과론에 기초한 논리이지만, 퀘이커 신앙이 말하려는 씨알의 진화는 오히려 우리가 아직 모르는 미래의 인력(引力), 즉 '아 프론테(a fronte)' 원인이 우리를 끌어당기면서 변화와 진보를 요구하고 있다고 봅니다.

그래서 그 '로고스', 그 창조주, 그 '주님'을 향해 한 걸음씩 가까이 가까이 나아가자는 것이고, 오늘 있는 어떤 종교도 아무런 신학도 이 창조의 과정에서는 완전한 완성품이 아니라는 것입니다. '구하고, 얻고, 나누는(seek, find and share)' 삶을 통해 이미 온 하늘나라를 날마다 순간마다 살되, 이 삶이 창조의 완성이란 생각은 절대로 하지 말고, 겸허하게 우리를 끌어당기는 앞에 있는 창조주의 인력(引力)에 전체를 맡기고서 살아보자는 것입니다. '로고스'는 중국사람들의 번역대로 道, 타오(Tao), 길입니다. 창조와 씨알의 영원한 오솔길입니다.

### (ㅁ) 형식을 떠난 예배 – 말씀 기다림

선생님께서는 퀘이커가 되기로 작정하신 1960년 초반부터 30여 년을 아무 꾸밈도 의식도 없는 조그만, 보통사람이 사는 주택의 안방에서 20여 명의 '벗들'과 함께 고요하게 무릎을 꿇고 주님의 말씀을 기다리셨습니다(Waiting upon the Lord). 너무도 사람 쪽의 말이 많은 예배, 숨막히게 짜여진 절차, 높은 강단, 화려한 예배당이 하나님의 말씀을 받아 듣기에는 힘든 곳이 아닐까요? 퀘이커의 예배당은 '모임(Meeting)'이라고 불리우는 예배 보는 집으로서, 특별한 꾸밈이 별로 없습니다. 예배시간이 되면 인도하는 사람이 따로 없어도 정해진 시간이 되면 모두 조용하게 하늘을 향해 마음 문을 열고 '고요하고 작은 음성(still and small voice)'을 들으려고 합니다. 누가 미리 준비해 온 설교나 강론을 함이 없이, 성령의 움직임이 속사람을 명하면 말씀을 나눕니다. 그렇지 않으면 모두가 한 시간을 묵상으로 침묵기도로 지납니다. 누가 모두의 기도를 대표해서 소리내어 드리지를 않습니다. 정해진 찬미를 부르지도 않습니다. 설교도 기도도 찬미도 하나님의 말씀을 기다리는 영혼의 행실임을 모르지는 않습니다. 그러나 혼을 떠난 설교, 하나님보다는 내 말이 너무나 많은 기도, 앵무새처럼 생각도 않으면서 부르는 찬미를 정통의 퀘이커 신앙은 배척합니다. 그냥 한 시간을 벗들과 같이 앉아 말씀을 기다리고 혼을 감동하는 말씀이 있을 때 힘을 모아 행동으로 옮겨보는 예배의 실험(experiment)을 300여 년 해왔습니다. 완전치는 않아도 한 예배의 모델로는 나무랄 데가 없다고 봅니다. 함 선생님께서는 이러한, 말이 적고 의식을 떠난 예배모임을 통해 하늘의 말씀에 늘 접하셨고 그 말씀을 좇아 생명을 내어놓고 사시었습니다.

## IV. 맺는 말

"퀘이커 신앙은 결코 내가 갈망하는 새 종교가 아니지만 이 신앙 공동체의 씨알에서 인류에게 참으로 새로운 종교가 태어나기를 나는 충심으로 희망한다. 그래서 나는 내 눈을 똑바로 뜨고 수평선 저편을 …… 영원의 수평선을 바라본다."고 선생님께서는 말씀하셨습니다. "내가 종교친우회의 회원이 된 것은 사실이지만, 아직 퀘이커가 되지는 못했다. 누가 감히 되고 싶다고 노력을 해서 퀘이커가 된다고 하느냐? 퀘이커 신도란 영원한 불가능, 될 수가 없는(완전, 온전, 참) 것을 향해 되어보려는 씨름이다." 바보새, 신천옹이기에 할 수 있고, 그래서 참 좋은 말씀입니다. 선생님이 퀘이커 신앙을 좋아하신 것은 그 신앙이 교리나 교의나 의식이나 조직에 얽매임이 없이 아직도 무한한 우주의 창조 속에서 자라기를 바라고 앞으로 올 만민이 새 종교를 갈망하며 자라고 있기 때문이었다고 생각합니다.

Mollymawk – 남태평양 열대군도에 살면서 활짝 펴면 두 날개가 3, 4미터나 되는 바다와 하늘의 여왕새이지만 다른 작은 새들이 잡아먹다 남은 물고기 찌꺼기나 지나가고 오는 선박들이 버리는 쓰레기를 얻어서 생명을 유지하는 신천옹처럼 불살생(不殺生), 비폭력, 하늘을 믿는 삶을 사시다가 가신 님은 하늘이 보내신 거룩한 혼이었습니다. 님께서 노벨 평화상을 받으시는 모습을 보고 싶었고, 두 번이나 퀘이커 봉사단에 의해 추천이 되었었는데 그 영광을 차지하지 못하신 것을 우리는 자못 안타까워 했습니다. 그러나 그 상을 받으셨더라면 하늘로 돌아가시기 위해 하늘을 날으시는 데 적지 않은 짐이 되었을 것 같습니다. 하늘에서 받으실 큰 상이 기다리고 있을 것을 믿는 우리는 그저 엎드려서 님같이 큰 혼을 우리에게 보내주신 하나님께 망극한 감사를 드릴 뿐입니다. 그리고 바보새가 남기고 가신 씨알의 농사를 이어가는 일에 있는 힘을 다해 보겠다는 다짐을 해봅니다. 하늘에 오르셔도 하나님 우편에 편히 앉아계실 선생님이 아니십니다. 우리 같이 미천한 농사꾼들을 위해 땀과 눈물을 그냥 흘리신 님이십니다. 그 님을 생각해서 이 새벽에 깨어 기도하고 일터로 또 나가야 하겠지요. 성령에 이끌려서 온통 지진이 일어난 듯 몸을 떨던 퀘이커(Quaker) 신앙은 선생님의 혼에 의해 훨씬 더 많은 사람의 영혼을 부들부들 떨게 하였습니다. 그 떨리는 손으로 밭갈이를 해볼 뿐입니다. 추수는 영원한 그리스도께서 하시겠죠.

*적대자에게 자비를 구하는 것은 비폭력이 아니다.*
*- 마하트마 간디 -*

# 20세기 말 지구촌과 한국의 청소년

새벽을 열며(1990, 웅진문화) 중에서

## 21세기를 맞으며

'20세기'라는 역사의 한 무대가 서서히 막을 내리고 있습니다. 헤아릴 수 없이 많은 낮과 밤이 20세기의 무대를 밝음과 어둠으로 지켜오는 동안 지구촌은 미증유의 변혁과 개혁, 혁명과 전쟁을 연출해왔습니다.

21세기의 먼동이 터오기 시작한 지금 우리가 살고 있는 이 지구촌의 현주소는 어디이며 인류의 역사적인 과정 속에서 20세기는 무슨 뜻을 지니고 있는지 한번 생각해 볼 필요가 있습니다. 그리고 50억 인간 가족이 오늘의 청소년에게 물려줄 유산이 있는지, 있다면 그것은 무엇인지도 한번 곰곰이 성찰해 볼 일입니다. 특히 오는 21세기에 한국 청소년이 세계의 무대에서 어떤 자리에 설 것인가 하는 과제도 고찰해 보아야 할 문제입니다.

## 20세기 말의 지구촌

우주의 신비스런 역사 속에서 하나의 불덩어리 유성이 한 곳에 자리를 잡고 태양을 중심으로 서서히 돌아가며 식어가기 시작한 것이 46억

년 전의 일이라고 학자들은 생각하고 있습니다. 이 지구라는 별 속에 땅
이 생기고 물이 생겨나고, 그 물에서 삼엽충 원시 생명체가 꿈틀거리며
살기 시작한 것은 5억 7천만 년 전이라고 합니다.

그 후 3억 5천만 년이란 긴 시간이 흐르면서 생명이 진화하는 동안 척
추동물, 곤충류, 그리고 포유류가 생겨나고, 물속에서 땅 위로, 산으로,
하늘로 생명체들이 번성하여 오늘에 이르러서는 5백만여 종의 생명체
가 이 지구상에 서식하고 있다고 합니다. 식물과 동물이 번성하는 그 긴
과정에서 짐승과 사람이 분별되고 인간이라는 고등 동물이 만물의 영장
으로 온 천하를 지배하게 되었습니다. 땅을 정복하여 땅속의 자원을 캐
내고 바다의 보고를 끌어올리고 그래도 모자라서 우주까지 침범해 들어
가고 있는 인간은 20세기의 100년 동안 이 지구촌을 어떻게 만들어 놓
았습니까?

지구촌이란 개념은 20세기 후반에 나온 것으로 현대의 세계를 아주
적절하게 묘사하는 말입니다. 거기에는 오대양 육대주 170여 개 나라에
살고있는 50억 인간 가족이 이젠 한마을에서 사는 가까운 이웃처럼 되
었다는 뜻이 담겨 있습니다. 이 표현은 이상적이고 시적이고 감상적인
것이 아닙니다. 극히 현실적이고 물리적이고 이성적인 것입니다. 최근
에는 한마을이란 개념도 낡은 것이 되어 갑니다. '지구 가족'이라는 말이
더 적절하다고 말하는 학자들도 있습니다. 한집안처럼 한지붕 밑에서
산다는 의미이지요. 시의에 맞는 타당한 말입니다.

이렇듯 세계가 가까워지면서 오대양을 마치 호수처럼 이용하게 되고, 인조 날개를 만들어 달나라로 우주로 약진하게 된 20세기는 확실히 인류의 크나큰 성취와 발전의 100년이었습니다. 인류 문명사의 만여 년에 가까운 긴 시간 속에서도 이루지 못했던 일들이 20세기의 많은 발명과 발견, 혁신과 혁명을 통하여 성취되었습니다. 금세기가 보여 준 인간의 기술, 과학, 그리고 이러한 물질적 발전을 가능케 했던 사람의 철학, 종교, 사회과학의 금자탑은 그 이전의 찬란한 문화사의 열매를 다 모은 것과도 비교할 수 없을 만큼 훌륭한 것입니다.

그런데 20세기가 저물어 가는 지금, 우리가 간과해서는 안 될 일이 있습니다. 이 가공할 만큼 큰 힘을 가지고 땅과 바다와 그 속에 사는 생물을 정복한 인류는 그것도 모자라 나라끼리 싸우고 죽이고, 급기야는 우주로 날아 올라가서 거기서도 별들의 전쟁을 하는 지경에 이르렀습니다. 한마디로 단정하기는 어렵지만 오늘 인류가 당면한 과제 중의 과제, 최우선적이고 긴박한 문제는 생물체 자체가 받고 있는 치명적인 도전입니다. 땅과 바다, 풀과 나무, 물고기와 짐승과 새들, 그리고 인간을 구성하는 생태계가 멸망의 위기를 맞고 있습니다. 생태계를 관찰, 연구하는 사람들은 500만여 종의 생명체들 가운데 120만여 종은 20세기가 끝나기 전에 멸종하게 될 것 같다고 염려하고 있습니다.

좀더 구체적으로 지구촌의 인간 가족이 오늘 얼마나 각박하고 급박한 상황 속에 있는지 생각해봅시다. 20세기는 세계대전, 전쟁의 세계화란 역사적 오점을 후세에 남기게 되었습니다. 싸움을 하기 위해 생긴 세기

같기도 합니다. 그런데 금세기 최대의 싸움은 자연과 환경, 우주와 삶의 질서에 대항한 것이라고 보아야 할 것 같습니다. 농토 확장을 위해 흐르는 강을 막고, 수리 시설과 발전을 위해 인위적으로 물길을 바꾸니까 그렇게 아름답던 중국의 롭눌 호수가 말라버리고 미국의 콜로라도강의 수위가 현저하게 낮아졌습니다. 이집트 나일강에 아스완 댐이 생긴 후 나일 델타의 비옥한 땅이 황폐해지고 세계의 곡창지대라고 하는 그 곳에서 흉작이 시작되었습니다. 산소를 공급하여 생명의 심장이라고 불러도 좋은 열대의 정글은 벌목, 개간, 개발 때문에 해마다 평균 8만 평방마일씩 없어져 가고, 이런 추세가 계속되면 130년 후엔 인간을 포함한 거의 모든 생물계가 전멸하게 될지도 모릅니다.

이제 인위적인 환경 정복을 승리의 전략으로 내세워 온 20세기에 우리가 지불해 온 대가가 얼마나 컸던가 하는 우려가 차츰 대두되고 있습니다. 생명체를 존속시키는 자연환경이 심각하게 오염되어 일본의 미나마타 수은 중독 집단 발생과 같은 무서운 일이 여기저기서 보도됩니다. 베이징-톈진 유역에 중금속 물질이 침전되고, 뉴욕-뉴저지 일대의 독성 쓰레기 악취로 인한 주민 피난 소동은 20세기 말의 지구촌이 얼마나 병들어 있는가를 보여 주는 빙산의 일각입니다. 화학 비료와 공장 하수로 인한 수질 오염은 하천뿐만 아니라 바다까지 오염시켜 카스피해안, 발틱, 지중해에서 큰 문제로 부상하고 있습니다.

1천 8백만 명이 시루 속의 콩나물처럼 살고 있는 멕시코 시에는 30만 여의 크고 작은 공장이 있습니다. 수백만의 자동차가 뿜어내는 악성 가

스와 함께 이 많은 공장에서 나오는 독성 먼지는 하루에 6천 톤이나 됩니다. 2톤짜리 용달차로 3천 대분이라는 어마어마한 계산이 나옵니다. 이로 인한 대기 오염도는 멕시코 시민 남녀노소를 막론하고 한 사람이 날마다 담배 두 갑씩을 피우고 있는 것과 비슷합니다. 어른도 어른이지만 자라나는 연약한 아동들의 폐와 심장과 뇌가 어찌 될까 상상하면 끔찍합니다.

소련 땅 콜라 반도의 공장 지대에서는 초목들이 아주 질식되어 죽어가는 현상이 나타났습니다. 스칸디나비아에서 처음 발견된 산성비, 산성눈, 산성안개는 야생 동물들과 수중 생물을 무자비하게 병들게 하고 죽이면서 유럽 전역, 아시아, 그리고 북미까지 침범하고 있습니다. 우리의 수도 서울도 크게 다르지 않습니다.

### 인간가족과 청소년

20세기에 인간가족은 물질적 풍요와 첨단 기술의 발전으로 경제적 급성장을 이루었습니다. 그런데 참으로 역설적이고 기이한 것은 현대 인간은 물질적 풍요를 누릴수록 정신적으로는 더 빈곤해지고 정서적으로도 피폐해지고 있다는 사실입니다. 국민 총생산이 높아지면 높아질수록 국민정신은 황폐해지고 사회적 도의 수준은 점점 더 낮아지고 있는 것입니다. 인간의 외적, 환경적 빈곤은 극복이 가능하지만 내적 인성의 결핍과 사람과 사람 사이, 나라와 나라 사이, 인종과 인종 사이의 갈등과 불신은 수습하기 어려운 문제입니다.

금세기 인간가족이 이룩해낸 많은 개발과 발전의 그늘 밑에는 몇 가지 심각한 문제들이 도사리고 있습니다. 그중 인구 폭발, 경쟁과 전쟁, 현대 무기의 파괴력 등을 꼽아 볼 수 있습니다. 빙하기가 지나면서 인간이 농경사회를 만들어 번창하던 서기전 16,000~10,000년대에는 온 세계의 인구가 400만쯤이었다고 추측됩니다. 2000년 전에는 약 2억이었고, 그 인구가 배로 증가하는데 1,500년이 걸렸습니다. 다시 4억으로 늘어난 1,500년에서 두 배로 느는 데는 겨우 280년이 필요했습니다. 1780년에 8억이 다시 16억으로 배가하는 데는 100년쯤이 소요되었는데 이것이 금세기 초의 인구였습니다. 20세기의 과학문명은 보건의료를 혁명적으로 발전시켜 인구는 32억으로 급증했습니다.

　그래서 인구 폭발이란 말이 나왔습니다. 1954년에 33억이었는데 1988년에는 50억의 벽을 무너뜨리고 하늘 높은 줄 모르고 치솟고 있습니다. 이 추세대로 하면 2070년에는 100억이 되는데, 문제는 지구는 그대로라는 것입니다. 공간은 자라지 않고, 식량은 증산된다 하여도 아주 미미합니다. 그런 가운데 인간의 과잉 소비는 가히 미친 사람의 모습입니다.

　폭발적인 인구 증가와 전혀 무관하지 않지만 20세기 또 하나의 비극은 동서남북의 경쟁과 전쟁입니다. 금세기의 전반은 두 차례의 무서운 세계대전을 기록했습니다. 세계적으로 확산된 전쟁으로 입은 상처와 손해는 이루 말할 수 없이 극심한 것이었습니다. 그런데 1945년 전쟁이 끝나고 오늘에 이르기까지 40여 년 동안에 적어도 300여의 크고 작은 분쟁과 전쟁으로 인한 인명과 재산의 피해가 양대 세계대전의 그것보다 더 컸다는 사실을 간과해서는 안 됩니다.

　냉전은 열전보다 더 무서운 위력을 가지고 인간의 품성과 선의를 부패시켰습니다. 6·25라는 한국 전쟁도 예외가 아니었습니다. 이념의 동서 전쟁과 함께 못 가진 남쪽과 부유한 북쪽 나라들 간의 빈부싸움 또한 20세기의 치부를 드러냅니다. 가난하고 헐벗고 병들고 무지한 후진국 사람들에게 식료품, 식수, 교육, 보건, 주택 등을 제공하려면 170억 불쯤이 든다고 합니다. 큰 돈임에는 틀림없지만 이것은 오늘날의 세계가 14일 동안 소비하고 있는 군사 비용에 불과합니다. 20세기의 문제는 자원이나 재정의 빈곤이 아닙니다. 진정한 빈곤은 사상과 철학의 빈곤입니다.

　전쟁의 부도덕성과 인성의 타락이 가져온 부산물인 무기의 파괴력은 20세기 인간가족을 위협하는 제일 거대하고 무서운 힘입니다. 핵폭탄 보유량만으로도 현대의 인류가 얼마나 정신적으로 황폐해 있는가를 알 수 있습니다. 누가 누구를 죽이기 위해, 어느 나라가 어떤 적국으로부터 침략받지 않기 위해 이렇게 가공할 핵무기를 생산하고 있는지 알 길이 없습니다. 어느 학자의 계산에 의하면 현재 보유된 핵폭탄이 모두 폭발하면 50억 인구를 12번 멸종시키고도 남는다고 합니다. 미국 공군의 연간 예산은 최후진국의 12억 어린이들을 위한 교육비보다 많습니다. 소련의 군사비는 개발도상국의 36억 인구를 위한 보건 교육 예산보다 훨씬 많습니다. 20세기 인간가족이 멸망의 위협 속에 놓여 있음을 부인할 사람은 하나도 없을 것 같습니다.

이러한 환경에서 청소년이 어떤 위치에 처해 있는가를 생각하면 뜻 있는 사람의 가슴을 아프게 합니다. 금세기에 이 세상 도처에서 전쟁이란 이름으로 목숨을 잃은 사람들은 7천 8백만이 넘습니다. 이 소름 끼치는 숫자의 대부분은 청소년이었습니다. 아동 한 사람의 교육비는 평균 연간 450불인데 후진국으로 가면 투자액은 너무도 적습니다. 세계 인구 43명 가운데 한 사람은 군인인데, 군인 한 사람을 위해 필요한 예산은 25,600불입니다. 한 사람의 군인을 위해 쓰는 예산이면 50~60명의 어린이를 교육시킬 수 있다는 말이 됩니다.

전 세계 인구의 4분의 1인 12~13억이 기아, 질병, 재앙, 무지, 전쟁 등으로 삶의 권리를 박탈당하고 있는 현실에서 제일 크게 희생되는 그룹은 아동입니다. 매일 3~4만의 어린이들이 굶고 병들고 고생하다가 세상을 떠납니다. 주로 저개발국과 후진국에서 있는 일입니다. 가나, 말리, 차드, 우간다, 파푸아뉴기니, 모잠비크 같은 곳에서 소리 높여 울어보지도 못하고 삶의 권리를 빼앗기고 땅에 묻히는 영아, 유아들이 존속하는 한 인간사회를 문화적 동물의 집단으로 보기는 힘듭니다. 반면에 아일랜드, 그리스, 이탈리아, 프랑스, 덴마크, 캐나다와 미국 같은 소위 선진국 사회에서는 너무 많은 영양과 칼로리를 섭취하여 비만증이나 그 밖의 질병으로 어린이와 청소년들이 병들고 성장이 저해되고 적지 않게 죽어가고 있습니다.

또한 후진국에서는 초등학교에 가야 할 1억의 어린이들이 공부할 기회를 놓치고 있습니다. 중학교에 다녀야 할 3억2천5백만 명의 어린이들이 밭에서, 공장에서, 광산에서 일을 하고 있습니다. 부유한 '북쪽'에서 태어나는 생명들은 잘 자라서 공부하고 일을 즐기다가 은퇴하는데, 가난한 '남쪽'의 사회에서는 겨우 25%만이 인생의 정상적 코스를 밟고 노년에 이르게 됩니다. 그 곳에서는 15세가 되기 전에 사망하는 비율이 40%가 넘습니다.

## 한국 청소년과 21세기

20세기는 '은둔의 나라' 한국을 세계의 무대로 끌어낸 역사적인 기간입니다. 물론 우리는 그 과정에서 형언하기 어려울 형국의 고초와 민족적인 비극을 경험해야 했습니다. 19세기 말에 개항을 하여 외국과 접촉을 시작했지만 20세기 초엽에 일본의 대륙 진출을 위한 교두보가 되어 강제적인 합방으로 반세기에 가까운 식민 통치를 받아야만 했습니다.

해방은 왔어도 곧 다시 분단의 쓰라림이 겨레를 갈라놓아 남북이 따로따로 반쪽 땅에 반쪽 정부를 세웠습니다. 급기야는 동족상잔의 6·25 비극을 겪어야만 했습니다. 결국 남북한은 따로 설 수밖에 없었고, 60년대 초에 남한의 개발이 시작되었습니다. 60년대부터 지금까지 30년 동안 우리나라가 겪은 변화는 유럽이나 미국의 300년과 비길 수 있을 만큼 빠르고 대단한 것이었습니다. 각종의 사회 지표를 일일이 예시하지 않고 몇 가지만 들어서 살펴보아도 놀라움과 경탄을 숨길 수 없습니다.

6·25 직후 65불이던 국민개인소득이 35년 후인 지금 4천불을 넘어섰

다는 한 가지만 보더라도 우리나라의 급성장을 짐작할 수 있습니다. 인구는 건국 초기에 비해 꼭 두 배로 증가한 4천 2백만인데, 60년대 초에 시작된 경제성장정책으로 농촌에서 도시로의 이주가 괄목할 만큼 나타나서 현대산업사회의 모습을 드러내게 되었습니다. 산업화 과정에서 가족의 붕괴와 이에 따른 청소년 세대의 일탈, 비행, 범죄의 증가라는 사회병리적 현상이 나타나기 시작했습니다. 가치관의 세대차는 해가 거듭될수록 심화되고 있습니다. 핵가족 제도가 많은 장점을 가지고 있기는 하지만 가족의 사회적인 역할과 기능이 약화되어 청소년들을 올바르게 교육하고 보호하지 못합니다. 우리나라 청소년의 4분의 3이 가정 문제로 고민하고 있다는 조사에서 문제의 심각성을 알 수 있습니다.

1988년 통계에 의하면 청소년 인구(9~24세)는 1,369만 명으로 전체 인구의 32.6%를 차지하고 있습니다. 세 사람 중 한 사람은 젊고 어린 사람이란 계산입니다. 1955년의 청소년 인구가 700만여 명이던 것임을 감안할 때 절대수는 거의 두 배로 증가했는데, 이들을 건전하게 기르고 가르치고 보호하는 시설과 제도와 투자는 늘어나지 못했습니다.

오늘날 우리나라 청소년이 안고 있는 제일 큰 고민은 역시 학업과 진학의 문제라고 할 수 있습니다. 1980년에 고등학교 졸업자는 47만여 명이었는데 대학, 전문대학, 각종 학교에 진학한 학생은 겨우 26.6%여서 네 사람 중 세 사람은 진학을 못 했든지 안 했다고 볼 수 있습니다. 그중 취업을 한 소수의 젊은이를 제외하고는 많은 수가 재수하며 고민하고, 시험 노이로제, 불합격이 주는 좌절감과 낙담으로 가정을 뛰쳐나가서 비행을 하게 되고, 범죄 집단의 유혹을 받게 됩니다.

그런데 해를 거듭할수록 이 숫자는 늘어나서 1988년에는 진학률이 35%로 늘어났음에도 불구하고 68만여의 졸업생 중 44만여 명이 진학을 하지 못했습니다. 물론 노동시장으로 흡수된 사람이 적지는 않지만 대부분은 '무직, 미진학'이라는 그룹에 속해서 불안하고 불편하게 살고 있습니다.

한편 이렇게 방황하는 청소년들이 많은 현실에서 우리 사회에 만연하고 있는 것은 불행하게도 상업주의와 향락풍조입니다. 청소년이 가서는 안 될 유흥업소와 오락시설이 난립해 청소년을 유혹하고 출입마저 묵인되고 있습니다. 연소자의 인신매매, 학대, 감금, 착취, 폭행 등이 날로 늘어나고 있습니다. 죄질도 흉포해져 살인율이 1984년에 비해 7.5%나 증가했습니다. 같은 기간 동안에 강도 사건도 2.6%가 늘어났습니다. 18, 19세의 청소년 범죄 중 무엇보다 더 우리를 걱정케 하는 것은 마약류로 인한 범죄입니다. 1984년에는 마약, 대마초 사용으로 인한 범죄자는 20명에 불과했는데 1988년에는 393명이나 적발되었습니다. 1984년 대비는 실로 1,865%이고, 전년 대비 322.6% 증가를 기록했습니다. 적신호 중의 적신호가 아닐 수 없습니다.

20세기가 저물어 가는 시점에서 위에서 열거한 여러가지 문제들이 우리의 마음을 무겁게 합니다만 21세기를 내다보며 이 땅의 젊은이들을 바라보노라면 아직 희망을 버릴 수는 없습니다. 비록 여러가지 부정적인 요인들이 있기는 합니다만 그래도 건강하게 자라나는 젊은 세대들이 있는 한 지나친 염려를 할 것까지는 없다고 봅니다. 다만 분명한 사실은 90년대에 청소년을 위해 정부나 사회단체 그리고 전국민이 상당한 관심과 투자를 우선적으로 할애하지 않는다면 21세기를 맞을 때 큰 어려움에 부닥칠 것이라는 예측은 할 수 있다는 점입니다.

## 21세기는 우리의 무대

20세기의 한국은 단군 이래 수천 년 동안 쌓아온 겨레의 힘으로 일본 제국의 악랄한 식민통치를 딛고 일어서서 처음으로 세계의 무대에 올라섰습니다. 6·25 전쟁으로 잿더미로 변해 버린 국토를 재건하며 현대화의 엔진을 가동하여 짧은 기간에 빈곤으로부터 해방되고, 이제 세계 여러 나라와 어깨를 겨누게 되었습니다.

21세기의 이 나라 청소년이 50억 인류가족의 활동 무대에 설 때를 상상해 봅니다. 그때 우리나라의 태극기가 무엇으로 빛나게 될까를 예상해 봅니다. 물질적인 선진국이 될 수도 있습니다. 그러나 21세기는 물질 문명의 시대가 아닙니다. 초문명, 산업사회 이후에 오게 될 새 문화의 우월성이 지구촌을 지도하게 될 것이 분명합니다. 나라의 총생산, 수출고, 외화 획득은 중진국 대열에 있더라도 좋습니다. 5천불 정도의 개인 소득을 갖고서도 문화적으로 어느 선진국에 못지 않은, 아니 그들보다 월등하게 앞서는 그런 사회를 만들 수 있다면 이 겨레가 21세기의 인간가족의 주역을 맡을 수 있을 것입니다.

공장에서 공원에서 산과 바다에서 청소년들이 활개치며 노래하며 삶을 즐기는 나라가 되면 21세기는 우리의 무대가 될 것입니다. 분단의 쓰라림도 치유될 것입니다. 이 꿈을 가지고서 이 나라의 청소년을 기르는 일에 심혈을 기울이고 투자를 아끼지 않고 끊임없이 연구하는 자세로 20세기를 마무리하는 지혜가 아쉽습니다.

# 감사 기도와 주님 찬양의 고별 기도

월드비전 소식지, 1996, 11·12월호

충심으로 사랑하는 월드비전 대가족 여러분께 추수 감사와 성탄의 기쁨을 아울러서 6년 동안 써 온 이 편지를 마감하게 됩니다. 여러분의 기도와 후원으로 재임기간(1991.1.1. ‒ 1996.12.31.)을 큰 어려움 없이 마감하고 물러나게 되었습니다. 하나님의 은혜에 망극하고 감사 기도와 함께 예수님 찬양, 하나님께 영광을 돌려 드립니다.

새해, 새 아침에 오재식 신임 회장께서 제 자리를 지키면서 우리 월드비전을 저보다는 훨씬 훌륭하게 이끌어 갈 것을 믿고 감사하며 그가 지게 된 새 십자가를 잘 감당할 수 있도록 밖에서나마 기도하겠습니다.

여러분의 변함없는 보살핌과 후원을 간절하게 빌면서 홀가분한 마음으로 회장실을 떠나겠습니다. 우리 사무실 주변, 여의도의 거리에 떨어지는 은행잎들을 창밖으로 내다보며 약간의 감회를 느낍니다. 그리고 문득 요한복음서 마지막 장 속의 한 절이 제 뇌리를 스쳐갑니다.

"늙어서는 네 팔을 벌리리니 남이 네게 띠 띄우고 원치 아니하는 곳으로 데려가리라(요 21:18)"

베드로가 위대한 순교자로 하나님을 영화롭게 해 드리게 될 것을 예언하시면서 '나를 따르라(19절)'고 하신 말씀이 오늘 제게도 조금은 위로와 격려가 됩니다.

자이레에서 지금 일어나고 있는 참담한 전쟁과 고난의 현장으로 당장이라도 날아가 보고픈 심경에서 안절부절입니다만 이젠 두 손을 높이 들고 주 앞에 백기를 들어 무조건 항복하고 그 분이 입히시는 옷과 매어 주시는 허리띠를 묵묵히 순종하고 그의 놀라우신 자비하심에 전적으로 매어달려 '따르라' 명하시는 길을 따르려고 합니다.

감사와 감격의 눈물로 앞이 잘 안보여도 상관이 없습니다. 주의 띠에 묶이어서 걷는 발길에 무슨 두려움이 있겠습니까? 휴전선 북녘의 한 핏줄이 뜨겁게 흐르고 있는 2천 2백만의 불쌍한 형제와 자매들을 향해 비무장지대의 꿩처럼 날아서 가고 싶습니다. 지뢰를 밟고 피를 흘리더라도 노루처럼 산돼지처럼 뛰어가고 싶습니다.

그러나 이것도 아버지의 뜻이 아니시면 안됩니다. 하지만 저는 확신합니다. 화해와 통일의 새벽은 오고 있고 와야 하고 우리가 그 새벽을 만들어가는 십자가의 군병들이어야 한다는 신앙 간증만은 하고 이 자리를 물러갑니다.

"우리는 무익한 종이다. 우리의 하여야 할 일을 한 것 뿐이다(눅 17:10)."

이 말씀처럼 할 말도 자랑할 일도 아주 없습니다. 그저 조용히 부끄럽고 아쉬운 마음으로 6년 동안 앉았던 의자에서 벌떡 일어섭니다.

다시 한 번 월드비전 대가족 여러분께 뜨거운 감사를 드립니다. 주님 오신 날과 새해를 맞는 계절에 여러분의 가정에 놀라운 하늘의 은총이 함께 하시기를 기원합니다.

# 대한적십자사 제23대 이윤구 총재 취임사

적십자신문, 2004년 2월 1일자

오늘 이 거룩한 식전에서 대한적십자사 제23대 총재로 취임하는 부족한 저를 격려해 주시려고 전국 각지에서 왕림해주신 내빈 여러분, 중앙위원 여러분, 그리고 임직원 동지들, 친지와 가족 식구들, 충심으로 감사를 드립니다.

저는 지금 두렵고 부끄러운 마음으로 가벼운 전율을 느끼면서 여러분 앞에 섰습니다. 적십자운동 정신의 숭고함과 대한적십자 백년 역사의 찬란함과 양주삼 초대 총재와 서영훈 총재님을 포함한 역대 총재님들의 후덕하신 지도력과 인격을 상기하며 너무나 불민하고 부덕한 제가 부끄럽기 그지없습니다. 이 중차대한 책무를 어찌 감당해 나갈지 양어깨에 막중한 압력을 실감합니다. 그럼에도 불구하고 저에게 주어진 이 무거운 책임을 마다 아니하고 지고 일어서보려 합니다. 한 걸음씩 앞만 보고 걸어나가 보겠습니다. 제 능력 때문에 주어진 짐이 아님을 알고 순종하는 길밖에 없다고 생각합니다.

동시에 나라와 겨레의 엄중한 명령이기도 하다고 저는 믿습니다. 한 세기의 곡절 많던 적십자운동이 두 번째 백년의 새벽을 열어야 하는 뜻 깊은 시점에서 제게 징집명령이 떨어졌다 믿고 싶습니다. 피할 일이 아닌 듯 합니다. 삼천 여명의 적십자 임직원 동지들, 칠만 여명의 봉사원들, 칠백만을 헤아리는 회원들, 그리고 온 국민이 이 사람을 실족하게 하지 않을 것을 확신하는 마음가짐으로 조심스레, 그러나 힘차게 일어서서 전진해보겠습니다.

장 앙리 뒤낭, 적십자운동의 창시자도 사실은 흔히 우리가 생각하듯 화려한 인생을 살다 가신 분이 아니었습니다. 중등교육도 중단하고 사업가로서도 빚투성이에 눌리어서 파산을 당하고 말년에는 스위스 산중의 하이덴빈민요양원에서 고독하게 지내다 세상을 떠났습니다. 그러나 그의 위대한 적십자의 삶, 생명 경외의 열정이 노벨평화상을 받게 했습니다. 뒤낭은 철저한 기독교 가정에서 칼빈주의 신앙으로 자랐고 믿음을 삶으로 실천한 사람이었습니다. 선구자 뒤낭을 흉내도 못낼 저이지만 그의 발자취를 따라가려는 노력을 할 수 있다고 믿습니다.

저는 백번 죽었다 살아나도 뒤낭의 인격과 거룩한 혼을 닮기가 힘듭니다. 다만 제 짧은 인생의 가시밭길이 오늘 대한적십자사 총재의 방으로 몰아온 것만은 신비스럽지만 사실인 듯 합니다. 지나간 반세기를 제가 걸어 온 역정을 잠시 되돌아 봄으로써 이제 앞으로 저와 우리 적십자가 가야할 길을 예견해 보는 것이 다소는 도움이 될 듯 합니다.

제게는 6·25전쟁이 인생의 결정적 전환점이 되었습니다. 그 참혹한 싸움으로 산하가 피로 물들었을 때 저도 죽음 한 걸음 앞에서 회생하는 경험을 했습니다. 그리고 그때 삶의 깊은 뜻과 목적을 깨달았습니다. 받은 사랑, 너무도 큰 사랑의 빚을 갚는 것이 생명의 존재의의이고 이를 위해 내 모든 것을 내어놓고 봉사해야 하겠다고 결심했습니다. 그 전의 이기적이고 욕심 많은 젊은 인생이 부끄럽게 생각되었습니다. 오늘까지 그렇다고 자랑할 만한 일들을 별로 많이 못하고 살아왔지만 사랑하고 이웃을 섬기는 봉사로 외곬을 걸어온 것만은 다행한 일이었다고 자위하고 조금은 어린애처럼 자랑스럽게도 생각합니다. 혹시 오늘 적십자의 책임을 맡기시려고 겨레의 혼이 이런 광야의 훈련을 시키신 것은 아닐까 하는 생각도 해봅니다.

우리 대한이 오늘 이렇게 혼란스럽고 암담하고 갈등 투성이인 까닭은 한마디로 단언하기는 힘들지만 사랑과 봉사 같은 사람들의 핵심-인도주의, 이타주의, 박애주의가 설 땅을 잃었기 때문입니다. 정치도, 경제도, 문화나 교육도 다 사람보다는 무한경쟁, 섬기기 보다는 섬김을 받으려는 극단 이기주의의 횡행 때문에 우리가 모두 신음하고 있습니다.

적십자운동이 이제부터 나아갈 길에 대해 몇 가지 제안을 해보려 합니다. 우선 첫째로 나라 안에서의 진로를 꿈꾸어 봅니다. 적십자운동의 위대하고 숭고한 기본원칙 가운데는 자원봉사(Volutary Service)가 포함되어 있는 것을 저는 심오한 정신으로 받아들입니다. 적십자운동이 이 나라의 자원봉사를 이끌어가고 있음을 우리는 자부하고 있습니다. 많은 사업들 가운데서 자원봉사가 적십자 정신운동의 중핵을 이루어야 하겠다고 다짐합니다. 4천 7백만 국민이 다 봉사자가 되는 볼런티어의 천국이 되는 데 적십자가 앞장을 서 나가야 하겠습니다.

현재 전국민의 15%정도가 봉사의 뜻을 알고 크고 적게 봉사에 임하고 있습니다. 선진국이 되려면 적어도 35%, 그리고 제일 앞서가는 나라가 되려면 45-50%, 즉 국민의 과반수가 자원봉사 대열에 합류해야 합니다. 가정주부도, 어린 초등학생도, 연로한 시민도, 직장인도, 농민이나 어민도, 다 남과 우리 모두를 위해 봉사해야 합니다. 그렇지 못하면 후진국으로 전락해 버립니다.

둘째는 남북관계의 민족문제입니다. 적십자정신의 제일은 인도주의(Humanity)입니다. 전쟁으로 희생을 당하고 고통받는 사람들을 사람답게 돕는 일이 솔페리노(Solferino) 교훈입니다. 피흘리며 쓰러져 있는 군인과 민간인들을 네편 내편을 가리지 않고 돌보아주는 일은 150여년 전의 이태리 반도만이 아니고 오늘 우리의 현실에도 적용시켜 보아야 합니다.

최근(2003.12.24.) 성탄절 전야에 6·25전쟁 때 포로가 되었던 전용일 님이 52년 만에 가족 품으로 돌아와서 우리 모두의 눈시울을 뜨겁게 했습니다. 이런 참담한 경우에 놓여 있는 사람들이 얼마나 많은지, 언제까지 이 가슴 아픈 생이별 실향 분단의 삶이 계속되어야 하는지 적십자운동은 묻고 또 물어야 합니다. 그리고 할 수 있는 일을 찾아야 합니다.

70년대 초에 시작된 남북적십자회담으로 다행히 약 2만 명의 생사확인, 8천여 명의 상봉은 이루어졌지만 너무나 많은 분단가족들이 재회의 기회를 얻지 못하고 눈물로 밤잠을 설치고 있습니다. 이런 일이 세상에 어디도 없습니다. 정치가 아무리 중요하다해도 적십자 인도정신의 엄한 명령을 피할 수는 없습니다.

휴전선을 참새들은 자유로이 오가고 있는데, 멧돼지와 노루 떼는 철조망을 넘나드는데, 왜 유독 사람만 반세기가 넘도록 가족 친지들의 생사도 모르면서 살다가 한을 안고 삶을 마쳐야 합니까? 이제라도 적십자정신을 다시 살려서 서신교류, 자유로운 면회상봉, 그리고 가족재결합과 왕래를 활발하게 추진해 나가야 합니다. 남북이 한겨레의 유무상통, 주고받는 기쁨을 나누어야 합니다.

쉬운 일이 아니라는 현실을 몰라서가 아닙니다. 이념이나 체제의 질서나 그 밖의 어떠한 가치도 적십자 인도주의 원칙을 우선할 수는 결코 없습니다. 적십자운동은 끈질기게 간단없이 전쟁의 희생양들을 보호하고 돌보는 일을 위해 정치계나 정부가 힘을 모아야 할 것입니다. 힘들어도 부단한 노력으로 일관해 나가야 합니다. 우선 금강산지역에 6천평 규모의 면회소가 이 봄에 기공될 예정입니다. 이 성스러운 사업이 잘 추진되어 더 많은 실향 이산가족이 더 많은 시간을 보다 많은 곳에서 만나게 되기를 적십자운동은 간절히 바라고 민족의 슬기로운 정신이 이를 가능케 하리라고 믿습니다. 꿈을 행동으로 옮기는 백성은 밝은 내일을 맞게 됩니다.

셋째는 한 지붕 밑에서 살고 있는 21세기 초의 인류가족 속에서 한민족이 무엇을 해야 할까를 우리는 골똘이 생각해야 합니다. 60여억 인류는 이제 같이 살던지, 공멸하던지 한 길을 택해야 합니다. 어쩌면 적십자정신의 궁극적 대의는 우주성(Universality)입니다. 21세기의 새벽도 전쟁의 포성 속에 밝았습니다. 이라크에서 끝이 날 것 같지 않고 싸움과 죄악의 밤은 오래 계속될 것 같습니다. 그런데 현대 사회의 제일 큰 문제는 경제전쟁입니다. 총포보다 더 가공할 물질시장의 정글법칙이 생명의 존엄을 무참하게 파괴하고 있습니다. 소말리아라는 나라에는 전국의 73%가 영양실조로 굶주리고 병들고 죽어갑니다. 시에라리온에서는 영아사망률이 31.6%, 셋 중 한 아이가 살아남지 못합니다. 일본인의 평균수명이 81.5세인데 보츠와나는 36.1세로서 같은 세상에 태어나도 어떤 나라에서는 반절 인생 밖에 못삽니다. 그것도 비참하게 말입니다.

적십자운동은 평화 시에 전쟁예방에 모든 힘을 기울이고 빈곤과 질병의 퇴치에 많은 노력을 쏟아 붓고 있습니다. 특별히 어린이와 여성에게 도움을 더 가게 합니다. 전쟁 중이나 전후 평화 속에서나 적십자의 불은 밤낮 꺼지는 일이 없습니다. 대한적십자사는 100년의 연륜을 바탕으로 이제 세상으로 뛰쳐나가야 합니다. 180여 연맹 회원국들 가운데서 부담금 서열 10위 안에 드는 나라가 되었습니다. 우리는 전쟁을 경험했습니다. 제1차, 제2차 세계대전을 빼면 세상에서 제일 큰 전쟁 3년을 치르면서 인명피해와 자산파괴, 그리고 제일 긴 휴전을 오늘까지 지키면서 아직도 전쟁 중입니다.

이제는 지구촌 5대양 6대주로 나아가서 가난하고 헐벗고 굶주리는 이웃을 껴안고 사랑을 나누어야 할 때입니다. 몸과 마음을 다하여서 봉사할 위대한 기회가 우리 앞에 전개되고 있습니다. 2만불, 3만불의 물질선진국은 아니 되어도 1만불을 바로 쓰는 문화일등국으로 거듭나는 일은 당장 가능합니다. 이 길이 한민족에게 주어진 적십자의 길입니다.

저는 몸으로 사랑의 품앗이를 하기 위해 60년대 중반에 중동으로 떠났습니다. 20년 동안 이집트와 요르단, 시리아, 레바논, 인도와 방글라데시에서 참 귀한 경험을 했습니다. 백번 이 땅에 다시 태어난다 해도 이 사랑과 봉사의 삶을 다시 살려 합니다. 그것은 이웃사랑을 통해 나의 삶의 보람을 얻고 겨레와 나라 사랑을 할 수 있다고 확신하기 때문입니다. 자원봉사로 한국을 새롭게 만들고 남북교류의 새 차원을 열어 겨레의 화해와 통일을 다져 나가면서 제3세계로 나아가서 강대국과 약소국의 골을 메우는 평화의 등대지기가 바로 우리 한민족이 되도록, 저는 피를 토하며 외치려고 합니다. 대한적십자의 맏머슴으로 국민과 민족에게 실망을 아니주도록 분골쇄신하며 한 걸음씩 걸어나가겠습니다.

"사랑은 제 자리에서 가만히 있지를 못합니다. 그럼 아무 의미가 없습니다. 사랑은 행동으로 옮겨져야 합니다. 그 행동은 봉사입니다." 테레사 수녀의 말입니다. 이것이 바로 적십자운동의 정신이며 실천원칙입니다. 감사합니다.

# 21세기의 복지사회

미래복지경영 총회 및 제4회 포럼 인사말, 2007.12.4.


사회복지라는 전문직에 종사하고 있는 우리들은 오늘 우리 눈앞에 전개되는 각박하고 긴급한 과제들과 씨름을 하다가 흔히 조금은 미래지향적인 역사의식을 잃어버리기 쉽습니다. 진정한 의미의 복지는 내일, 내 세대, 앞으로 올 새 시대를 꿈꾸고 설계하고, 기초를 다지고 복된 사회를 지어올리는 전문분야여야 합니다. 깜깜한 한밤중에도 새벽을 여는 종을 치며 새 아침에 세워올릴 복지의 건물을 짓는 망치질과 대패질을 해야 합니다.

세계보건기구(WHO)의 초대 사무총장을 역임한 브록 치좀 박사는 아주 감동적인 명언을 남겼습니다. "의사는 적어도 3세대 앞 장래를 내다볼 줄 알아야 한다"면서 선구자적인 역할을 강조했습니다. 30년, 60년, 100년 후의 사회를 미리 꿈꾸면서 오늘의 문제를 풀어가야 한다는 사상입니다. 우리 사회복지 전문인들에게도 시사하는 바가 큽니다.

21세기가 밝았고 인류 가족에게 새 시대가 왔습니다. 이 새 세상을 내다보면 몇 가지 특성이 있습니다. 그 희미한 그림 속의 분명한 기저를 뽑아보면 오늘 우리의 과업수행에 크게 참고가 될 줄 압니다.

우선 21세기의 새로운 화두(話頭)는 '복지사회'입니다. '복지국가'라는 20세기 후반의 간판 구호는 이제 낡은 옛날 말이 되어버렸습니다. 정부에게 국민의 복지를 전폭적으로 책임지게 하는 사상은 설 자리를 잃었습니다. 복지를 사회 모든 계층이 하나가 되어 손을 잡고 씨름을 해야 하는 새 시대가 왔습니다. 앞서가는 '창조적 소수(creative minority)'가 다수의 중류층과 힘을 모아 '낙오한 소수(fallen minority)'를 껴안고 함께 걷는 사회가 오늘부터 새 시대가 요청하는 상생공동체(相生共同體)입니다.

이러한 사상 위에서 새 시대를 이해하는 것이 대단히 중요합니다. 그래서 우리 사회복지 전문가들은 제일 간단하고 열악하고 보호가 필요한 최하층 10%만을 우리의 대상으로 생각해서는 안 됩니다. 건전한 중간층에서 낙오할 가능성이 있는 하위 10~20% 층을 유심히 살펴야 합니다. 동시에 상위 10%에 있는 경제와 사회지도층도 우리의 클라이언텔(clientele) 범주 안에 넣고 사회적 통합을 꾀하여 나가야 합니다. 사회복지사는 사회적 엔지니어입니다.

또 하나의 새 시대 특징은 세상이 아주 좁아졌다는 사실입니다. 지구촌(global village)은 지나간 시대입니다. 지구의 65억 인류는 이제 한지붕 밑에서 한밥상을 나누는 인류가족공동체로 급하게 변해가고 있습니다. 이 세상 아무리 멀고 고립된 지역에서 자연재해나 전쟁의 참상이 벌어져도 3분 안에 온 세상이 그 소식을 접하게 되었습니다.

21세기의 사회복지는 지구촌 5대양 6대주의 구석구석에서 굶주리고 헐벗고 병들어 누워서 죽어가는 생명들을 못 본 체하고 살아갈 수 없게 되었습니다. 국가와 민족의 범주를 벗어나서 3A ; 아세아, 아프리카, 라틴 아메리카의 낙후한 사회들을 우리의 품 안으로 껴안고 함께 고민하는 사람들이 사회복지사여야 합니다.

이 방대하고 복잡한 새 시대의 복지, 우주적 복리를 위하여서 5천만 대한의 나라 복지전문인들은 좀 멀고 넓은 곳으로 시야를 돌려야 합니다. 우리만 10위 안의 부강한 나라가 되면 세상 많은 나라들이야 걱정할 일이 아니라는 생각을 빨리 내어던져야 합니다.

오늘 우리는 북녘땅 한반도의 피붙이들 생각을 많이 해야 합니다. 2천여만 명이 영양실조와 각종 질병으로 신음하고 있습니다. 반도 강산 삼천리가 우리의 섬길 무대입니다. 남북녘 땅이 이렇게 분단되고 분열하고 분쟁으로 60년을 넘기면서 새 시대를 맞을 수가 없습니다. 철새들은 38선과 휴전선 천 리를 모르고 오가는데 사람들은 실향하고 가족이 이산된 채 소식도 모릅니다. 이보다 더 비복지(非福祉), 비인도적인 비극이 이 세상 어디에서도 없습니다.

새 시대의 무대는 나라 안의 양극화 사회, 겨레의 깨어지고 무너진 공동체, 그리고 인류의 잘살고 못사는 나라들 사이의 크고 깊고 넓은 골로 위험천만입니다. 65억 오늘의 세상 인구는 같이 손을 잡고 함께 살던지 총칼을 들고 서로 죽이다가 공멸하든지 하는 기로에 서 있습니다. 그래서 우리의 짐이 그만큼 무겁습니다.

# 지구촌 밑바닥 10여 억이 목메어 부릅니다

한동대학교 학위수여식 강연, 2012

## I. 학위수여식의 역사적 의미

오늘은 참 기쁜 날입니다. 학업을 마치고 많은 시험을 잘 치르고 영광
스런 학위를 받는 빛난 예식입니다. 학위를 받으시는 한동의 따님, 아드
님 여러분께 충심으로 경하의 인사를 드립니다. 학부모 여러분께는 모
자가 백 개여도 다 벗고 싶습니다. 큰 일을 해 내셨습니다. 고맙습니다.
교직원 여러분께도 심심한 감사를 드립니다. 수고가 크셨습니다.

학위수여식의 역사는 꽤 오래 되었습니다. 중세기 수도원에서 힘든
교육과정을 마치고 새로운 성직을 시작하게 되는 수도사들의 예배의식
이었습니다. 감사하며 새 결심을 다지는 예식이었습니다.

언제부터였는지 정확하지는 않지만 졸업식은 'Commencement', 고대
라틴어 cominitiãre에서 유래한 낱말; 시작, 출발, 창업, 시무식의 이름
으로 집례 되었습니다. 그리고 제일 중요한 순서는 졸업후보생들이 세
상에 나가서 살아갈 계획을 라틴어, 희랍어, 히브리문장으로 발표하는
것이었습니다. 생명의 세계에는 졸업이라는 것이 없습니다. 날마다 달
마다 해마다 시작, 창업, 창조가 있을 뿐입니다. 오늘 여러분은 새벽,

새 아침, 새 시작을 위해 이 예식에 참여하고 있습니다.

여러분은 오늘 세상에 태어나서 처음으로 네모난 모자를 쓰고 앉으셨습니다. 사각모자가 무슨 의미를 지니고 있는지 아십니까? 15세기 초반, 1432년 옥스퍼드 대학에서 시작된 이 특이한 모자는 네모가 뚜렷한 책을 상징했습니다. 둥글둥글, 이럭저럭, 아무렇게나 살지 말고 책을 많이 읽고 생각을 많이 하면서 개성이 뚜렷한 삶을 살라고 하는 뜻을 담고 있습니다.

전통대로라면 여러분이 이 자리에서 웅변을 토하셔야 하는데 부족한 제가 송구스럽지만 오십여 년 전 제가 여러분의 자리에 앉았을 때를 회고하며 권면의 말씀을 드리겠습니다. 오늘 이 아름다운 흥해 남송리의 소나무 숲, 한동의 캠퍼스를 떠나시면 여러분은 헤쳐 나가야 할 엄숙한 삶의 현장에서 선택해야 할 두 가지 길 중의 하나를 생각해보았으면 합니다.

여러분 앞에는 수천, 아니 수만의 직종, 일거리가 있습니다. 그러나 거시적으로는 오직 두 갈래 길만 있다고 생각합니다. 70억 지구촌의 뭇사람들 가운데서 제일 높은 1%의 택함 받은 부자들이 사는 최고봉으로 올라가는 길이 그 하나입니다.

그리고 다른 한 길은 세상에서 제일 순진하고 빈곤한 10%, 혹은 10억이 살고 있는 AAA(Asia, Africa, Latin America)를 향해 뒤로 돌아 내려가는 길, 낮은 데로, 거칠고 험한 길도 없는 오솔길입니다. 우선 높은 데로 가는 것이 옳은 선택으로 보일 것입니다. 좀 생각해 보십시오.

## II. 최고 1%의 특전

여러분과 저는 오늘 지구촌 인류 대가족 200여 개 나라 중에서 줄을 세워 본다면 어떠한 자리에 서 있다고 생각하십니까? 최근에 나온 유엔개발계획(UNDP)의 보고서에 의하면 조사대상 187개국 가운데서 우리나라 한국은 15위를 기록하고 있습니다. HDI(인간개발지수)로는 상위 10% 안에 들어가 있습니다. 놀랍습니다.

불과 50여 년 전만해도 우리는 세상에서 제일 빈곤하고 헐벗고 굶주리는 몇 나라 안에 들어 있었습니다. 반세기만에 최저개발국의 족쇄, 쇠고랑을 벗어 던지고 최고위 개발국가군 대열에 올라섰습니다. 기적보다 더 놀라운 기록을 이루어냈습니다. '한강의 기적'은 20세기의 신화였습니다.

21세기의 아침 해도 높이 떠올랐습니다. 여러분은 무슨 길을 택하지려 합니까? 아마도 앞을 향해 저 높이 보려 하실 것 같습니다. 그러면 그 목표가 무엇일까요? 그것은 아마도 70억 인류가족 중 최상위 1% 클럽에 진입하는 것이라고 생각할 수 있습니다. 해볼 만한 꿈입니다. 여러분의 세대는 해볼 만한 일입니다. 하실 수 있습니다.

도대체 이 최고최상 1%는 어떤 사람들이고 무얼 하는 사람들이고 어디서 살고 있는지 궁금하십니까? 아셔야 할 것 같습니다. 그 길도 꼭 가실 생각이라면 말입니다.

세계은행의 경제학자 브랑코 밀라노비치가 쓴 '가진 자, 가지지 못한 자'에 의하면 2005년 현재 이 세상의 최상위 1%의 부자는 6천만 명이고 그 가운데 2천 9백만, 약 반수는 미국에 살고 있다고 했습니다. 몇 달 전에 세계인구는 7-억을 넘겼습니다. 그러니까 아마도 7천만 여 명이 최고 1%의 부자 세계에서 산다고 생각해야 할 것입니다.

여러분과 저는 오늘 상상하기도 힘이 듭니다만 이 1%에 들어가는 영광을 벌써 차지하고 있습니다. 대단한 기록입니다. 여러분과 여러분의 가족은 이 안에 들어가 있던지 그 가까이에 있던지 하다고 생각하셔야 합니다. 오늘부터 이 무한 경쟁의 정글로 뛰어드는 여러분은 1% 정상을 향해 몸부림을 쳐야 할 것입니다.

그런데 이 1%의 정상은 어떤 곳일까요? 저도 잘 모릅니다. 올라가 보지를 못했으니까요. 지난 달 중순에 아주 재미있는 심층취재 기사를 읽었습니다. 그 골자는 대체로 이러합니다.

미국의 최상위 부호 1%는 수입이 대체로 전국민 총수입의 20%쯤 됩니다. 그리고 이 소수의 특권자들이 국세의 25%를 감당합니다. 그리고 공익자선사업의 30%를 내어놓습니다. 큰 몫을 하고 있다고 볼 수 있습니다. 대단합니다.

이들 미국의 백만장자들, 아니 백억장자들이 제일 밀집되어 있는 곳이 뉴욕 교외, 롱아이랜드의 나써카운티(Nassau County) 구역입니다. 이곳에는 77%의 백인, 그리고 놀랍게도 11%의 아시아 종족이 있습니다. 흑인종은 3%에 불과합니다. 아시아계에서는 중국과 한국인들이 괄목하게 늘어가고 있습니다. 여러분은 그 곳으로 가서 아시아계의 지분을 한 40~50%대로 끌어 올리는 길을 택하시렵니까? 그럴 수도 있습니다.

이 1%의 최상위 부자들은 연간 평균수입이 150만 불입니다. 그런데 그들 중 다시 상층 10%는 2011년에 680만 불을 올렸습니다. 뉴욕 맨하탄에서 이들의 연간수입은 평균 79만 불로 일반 시민의 12배를 기록했습니다. 이러한 뉴욕, 이 모습의 미국이 공평하고, 정의롭고 행복한 사회일까요? 여러분이 꿈꾸고 땀흘리며 찾아갈 이상향일까요? 조금만 생각하면 이건 아닐 것 같습니다.

롱아이랜드에서 'Talon Air'라는 전세항공회사를 운영하고 있는 Adam Katz 씨는 최근 뉴욕타임즈 기자와의 인터뷰에서 말했습니다. "요사이 상위 1%의 부자클럽에 속해 있는 것은 그리 자랑스런 일이 아닙니다. 그렇죠?!" 캇즈 님의 회사는 10년밖에 안되었고 그는 승승장구 성공의 길을 오르고 있습니다. 그러나 그는 압니다. 99%의 국민, 그 중에도 10%의 가난한 이웃들을 외면하는 이 특권층 1%는 행복하지 못합니다. 오래 가지도 못하고 존재가치도 없습니다.

오바마 대통령의 연두교서(2012)가 몇 주 전에 발표되었습니다. 마침 미국에 머물고 있을 때여서 유심히 그 국정연설을 들었습니다. 놀라운 말을 듣고 깜짝 놀랐습니다. "오늘날 워렛 버핏은 그의 비서보다 낮은 세금을 내고 있습니다." 물론 액수를 말하는 것이 아니고 수입에 대한 세금비율을 표시한 것이겠죠. 정의롭고 공평하고 행복한 삶은 얼마나 많이 버느냐에 있지 않습니다. 얼마나 바로 쓰고 사회와 국가를 위해 헌납하느냐, 섬기느냐에 달려 있습니다.

"여러분은 이 세상의 여러분 세대의 모든 사람들 중에서 최상 1%에 들어 있습니다. 교육, 건강, 변화를 가져 올 능력, 살고 있는 나라를 모두 생각하면 그렇습니다...그런데 10억 명 이상의 사람들이 다음 끼니를 어디서 구할까..." 근심해야 한다고 랄프 네이다(Ralph Nader)는 한 졸업식 강연에서 강조했습니다. 그렇습니다. 여러분이 가셔야 할 길은 꼭대기 1%가 아니고 'The Bottom Billion' 밑바닥 10%, 최저개발국 10억입니다!

### Ⅲ. 밑바닥 10% ; The Bottom Billion을 보라! 그리고 가라!

오늘 이 뜻깊은 자리에서 여러분은 70억 인류가족 가운데서 6~7천만, 최상위 1%를 쳐다 보고 올라가는 길을 접고 뒤로 돌아서십시오. 그리고 70억 중 7억에서 14억의 굶주리고 헐벗고 죽어가는 10~20%의 AAA를 꿰뚫어 보세요! 그 'Bottom Billion' 밑바닥 10억을 향해 달리고 헤엄치고 날아갈 큰 뜻을 찾게 될 것입니다. 아니 가고는 못견디는 충동을 느끼실 것입니다.

사랑하는 '하나님의 대학', '지구촌을 섬기는 훈련장'을 오늘 떠나시는 나의 손자 손녀 여러분! 여러분이 만일 앙골라에 태어나셨더라면 어떠했을까 생각해보세요! 어쩌면 대학 졸업은 커녕, 1세, 첫돌이 되기도 전에 산지옥입니다. 다섯 사람의 새 생명 중 거의 한 사람이 이렇게도 일찍 우리 곁을 떠납니다. 우리 눈과 귀를 막고 고개를 돌릴 수 없습니다. 모르겠다 할 수가 없습니다.

가서, 껴안고, 함께 울며 몸부림을 쳐야지요. 아프가니스탄, 나이지리아, 말리, 소말리아 등이 21세기 여러분의 세계의 암덩어리입니다. 목메어 여러분을 부릅니다. 일어나 벌걸음을 재촉하여 그리로 가세요.

시에라리온의 국민은 평균수명이 35세라고 WHO(세계보건기구)는 2010년도 보고서에서 명시했습니다. 일본은 76세인데 같은 세상에 태어나서 왜 절반도 못 살다가 떠나야 합니까? 아프가니스탄, 지금 이 시간에도 전쟁으로 신음하는 나라는 36세, 구라파 식민지로 오랜 고통을 겪어 온 짐바브웨는 39세, 차드와 레소토와 잠비아는 40세입니다.

저는 이미 80을 넘기고 인생의 석양에 서 있습니다. 저의 부끄러운 삶의 20~30년을 이 지구가족 가운데 죽어가는 나라의 한 생명에게라도 나누어 주지 못한 한이 제 가슴을 갈갈이 찢는 고통을 줍니다. 여러분의 할아버지, 아버지의 세대가 못 다한 사랑의 품앗이 빚 값기를 여러분이 늦었지만 해주시기를 바랍니다. 낮은 데로 가세요! 생명을 나누는 거룩한 실험대가 여러분을 기다리고 있습니다. 뭘 주저합니까?

미얀마라는 작은 나라가 우리 아시아 안에 있습니다. 그 나라 국민 한 사람에게 1년 동안 쓰는 보건비용은 1불입니다. 우리의 커피 한 잔 값도 아니 됩니다. 콩고는 5불, 기니는 3불, 바소는 4불, 에디오피아와 방글라데시는 5불입니다. 이 부끄럽고 끔찍스런 현실을 외면하지 마십시오. 여러분 할아버지의 세대는 너무도 가난하여 도울 힘이 없었습니다. 여러분의 아버지의 세대는 우리 경제를 살리느라고 여력이 없었습니다. 여러분의 이 시대는 여러분이 나가서 세상을 섬길 저력이 있습니다. 세상이 다 압니다.

한동대의 '비전 선언문'을 잊지 마시고 가슴에 품고 길잡이로 삼으십시오. "한동대학교는 개발도상국을 섬기고 봉사하는 정직한 국제적 지도자를 양성한다."는 교육철학의 요람에서 여러분은 훈련을 마치셨습니다. 이제부터는 이 철학과 비전을 사셔야 합니다. 황무지에 백합꽃을 피게 하는데 여러분이 앞장을 서십시요!

이 밑바닥 10억. "The Bottom Billion"이 어디 있느냐고 물으시겠습니까? 저개발 46개국 가운데서도 제일 후열에 서 있는 10개국을 기억하십시오. 콩고, 나이지리아, 브룬디, 모잠비크, 차드, 라이베리아, 부르키나파소, 시에라리온, 중앙아프리카공화국, 그리고 기니입니다. 불쌍한 이 나라들의 죽어가는 어린 생명들을 부둥켜안고 통곡을 하던 제 모습을 한번 상상해 보십시오. 여러분도 하실 수 있습니다.

호주에서도 태어나는 아이는 평균 18년의 교육을 받는데 나이지리아의 어린이는 1.4년입니다. 네덜란드의 개인당 국민 총수입(GNI)은 36,402불인데 라이베리아는 265불입니다. 실로 137배의 차이가 납니다. 하늘나라가 속히 임해야 하겠습니다. 그 나라의 상위 1%의 특권층이 밑바닥 10%의 이웃을 껴안고 같이 사는 노력으로 시작이 될 것입니다.

한국을 포함한 개발 상위 20개국은 문맹률이 0%입니다. 그런데 밑바닥 10억쪽으로 가면 태양계 밖의 나라들 같습니다. 말리는 73.8%가 글을 읽지 못합니다. 부르키니파소와 나이지리아가 71.3%의 문맹률을 기록했습니다.

중세기가 아니고 오늘 이야기입니다. 에티오피아가 70.2%인데 그 무지한 나라가 6.25전쟁 때 우리에게 6천 명의 청년을 보내서 우리와 함께 싸우게 했습니다. 이 사랑의 빚을 아니 갚고 우리가 떳떳하게 세상으로 나갈 수 없습니다.

제 나라말을 글로 쓰게 하는 데는 그리 큰 지원이 들어가지 않습니다. 빈곤과 질병, 무지와 게으름이란 쇠고랑에서 10여억 우리 이웃을 해방하는 시발점이 문맹퇴치인데 정말로 큰 돈이 아니 듭니다. 가세요. 밑바닥 10억의 이웃과 손을 잡고 몸부림을 치세요. 하나님께서 그냥 좌시하고 계시지 않을 것입니다.

저는 반세기가 넘는 짧지 않은 세월을 가난한 나라들을 다니면서 구제와 재건과 개발분야에서 봉직해오는 동안 크게 깨닫게 된 귀한 교훈이 있습니다. 그것은 남을 돕는 일, 가르치는 일, 먹이는 일, 아픈 어린이를 보살피는 일... 그저 좋아서 값없이 이런 봉사의 삶을 살면 궁극적으로 나를 살리는 결과가 일어난다는 평범하지만 돈으로는 살 수 없는 금보다 귀한 진리입니다.

## Ⅳ. 70억이 공생하는 집을 지으라!

유엔은 있는 사람, 많이 가진 나라들이 1%만 국외로 AAA의 최저개발국으로 보내자는 숭고한 결의를 오래전에 채택했습니다. 그런데 2009년 현재 0.7% 이상을 해외원조로 내어보낸 나라는 덴마크, 룩셈부르크, 네덜란드, 스웨덴, 그리고 노르웨이 5개국 뿐입니다. 스웨덴이 1.01%로 1위, 룩셈부르크가 1.0%로 겨우 이 두 나라가 결의안의 정신을 지켰습니다. 우리나라는 거론하기에도 부끄러운 자리에 서 있습니다. 갈 길이 멉니다.

저는 오늘 사랑하는 나의 손녀딸, 손자 아들 여러분에게 피를 토하며 호소할 큰 부탁이 있습니다. 우리나라가 OECD-DAC 사업국들 가운데서 현금과 물질적 원조를 많이 보내는 1등국으로 만들고 더 나아가 국가총생산의 2%, 5%, 아니 10%를 보내는 나라로 만드세요. 지구촌을 바로 섬기는 나라로 승화시키는 국내 정치, 경제, 사회의 선구자가 되시면 좋습니다. 하실 수 있으면 참 좋지만 그보다 더 시급한 '하나님의 대학' 사관후보생 여러분의 선택이 있습니다.

그 길은 바로 오늘 결심하고 준비하면 곧 실천에 옮길 수 있는 바른 선택일 것입니다. 그것은 여러분의 몸과 마음, 그리고 혼을 묶어 아시아의 가난한 이웃 나라로, 아프리카 검은 대륙으로, 라틴 아메리카의 빈곤한 사회로 여러분 자신들을 통째로 수출하는 거룩한 봉헌입니다. 한 두 가지 제 짧은 한 사람의 체험에서 여러분께 혹 이런 험준하지만 너무도 값지고 가 볼 만한 길을 간곡하게 권장해드리는 것으로서 제 이야기를 접으려 합니다.

1991년 정초였습니다. 방글라데시 치타콩 항구였습니다. 우리가 보낸 사랑의 쌀 천 톤이 도착한 때였습니다. 그 생명의 양식이 배에서 하역되어 트럭에 실리던 장면을 저는 잊을 수가 없습니다. 벵갈만 서편으로 해가 황금빛으로 찬란하게 빛났습니다. 이 사랑의 양곡이 방글라데시의 배고픈 어린이 5천 명에게 6개월 여 먹일 것을 생각하는 저는 쏟아지는 눈물을 참을 길이 없었습니다. 이제는 돕는 나라가 되었구나! 통곡을 했습니다.

그리고 몇 년 후에 우리는 돕는 힘이 극적으로 성장하여 아프리카의 여러 나라 개발사업을 후원하기 시작했습니다. 모잠비크가 그중에 한 나라였습니다. 1505년에 포르투갈의 식민지가 된 다음 1975년에야 독립을 했는데 1980년대의 무서운 내전과 한발로 신음하다가 1992년에야 총성이 멎었지만 170만여 명의 피난민이 다시 고향에서 정착하기 위해 주린 배를 움켜쥐고 몸부림을 하고 있었습니다.

먹을 것을 보내는 구제사업보다는 양곡을 길러서 먹게 하는 개발사업이 백배 나을 것임을 믿고 월드비전 한국은 옥수수 씨앗을 많이 사서 황무지 거친 땅에 심었습니다. 그리고 추수기에 그 땅을 찾아갔습니다.

베이라(Beira) 공항에서 조그마한 잠자리 비행기를 타고 하늘에서 푸르게 자라고 있는 옥수수밭을 내려다보았습니다. 끝도 없이 전개되는 강냉이밭 평원이 얼마나 보기에 좋았는지 지금도 생각을 하면 가슴이 뜁니다. 얼마쯤 가는데 아름다운 무지개가 우리 앞에 전개 되었습니다. 조종사 봉사원, 선교사 할머니는 수십년 아프리카 사역을 해 왔지만 무지개를 처음 보아 놀랍다고 했습니다.

저는 기도하며 감사하며 찬송이 쏟아져 나왔습니다. "황무지가 장미꽃같이 피는 것을 볼 때에..." 사랑은 사막광야에 푸른 초장과 옥수수 열매를 가능케 하는구나! 이 검은 대륙에도 새 예루살렘은 지어 올릴 수가 있구나! 70억이 손만 잡으면 함께 새 하늘과 새 땅은 가능한 일이로구나!

마틴 루터 킹 목사의 'American Dream' "나에게 꿈이 있소!"라는 연설이 갑작스레 생각납니다. 목사님은 1961년 6월 6일 링컨대학교에서 하신 졸업강연을 살아 계셔서 오늘 이 자리에 서신다면 같은 말씀을 하실 것 같습니다. "모든 인종, 모든 국적자, 모든 신조를 가진 종교인들이 함께 형제로서 사는 땅"의 꿈 이야기 말입니다. 어쩌면 그의 미국(American Dream)이란 지평을 AAA-온 세계 인류 가족을 포함하는 그림 같은 꿈이야기를 하실 것 같습니다. Global Dream 말입니다.

탐 브로커(Tom Brokaw), 미국의 유명한 방송인은 말했습니다. "여러분은 교육받은 사람들입니다. 여러분의 학위기가 훌륭하고 좋은 삶으로의 '티켓'(입장권)이라고 생각하실지 모릅니다. 저는 여러분께 한 대안을 생각해 보시라고 묻겠습니다. 여러분의 티켓은 세상을 변화시키러 떠나라는 승차권은 아닐까요?" 제가 꼭 묻고 싶은 말입니다.

예수께서 오늘 이 자리에 계시다면, 아니 성령으로 지금 이곳에 계시기에 우리는 말씀을 상기해 봅니다. "하늘나라가 너희 안에 있다." 하십니다. 새 시대의 선봉에 여러분과 한동대학교가 우뚝 서 있다는 뜻이 아닙니까?

2008년 여러분이 이 학원에 들어오신 해 정초에 반기문 유엔 사무총장은 연두교서에서 강조했습니다. "2008년이 The Bottom Billion(밑바닥 10억)의 해가 되게 하자." 2012년 이 거룩한 예식에도 반 총장님의 메시지는 똑같을 것입니다.

거듭 호소합니다. 낮은 데로, 제일 낮은 지구촌의 밑바닥으로 가세요. 꼭대기 1%로 올라갈 생각은 꼭 나쁜 것은 아니어도 '하나님의 대학', '지구촌을 섬기는 대학' 졸업생들에게는 더 급한 일이 있습니다. 뒤로 돌아서서, 뛰고, 헤엄을 치고, 하늘을 날아서 저 검은 대륙으로 가세요! 중남미 정글로 가세요! 가서 먹이세요! 입히세요! 가르치세요! 70억이 함께 살 집을 지으세요. '사랑의 원자탄'이 되어 몸을 던지세요. 거룩하고 아름다운 제2의 이태석 신부가 되세요. 하나님께서 기뻐하실 산 제물이 되세요. 세상이 여러분을 하늘나라의 천사로 존경할 것입니다. 여러분이 행복할 것입니다.

제3세계에서 여러분을 뵙게 되기를 충심으로 기도합니다. 감사합니다.

에필로그

"엘렘 인제라"

월드비전 한국이 도움을 받는 나라에서 주는 나라로 전환하던 90년대 초중반, '사랑의 빵' 운동을 성공적으로 안착시키던 그 때, 후원자들을 향해 도움을 호소하시던 이윤구 회장님의 설교에 자주 등장하던 말입니다. 유니세프 책임자로 에티오피아를 방문했을 당시 작은 소년의 외침이라 하시며 인제라는 우리 말로는 '떡'이나 '주먹밥' 정도의 주식을 의미한다고 하셨습니다. '먹을 것이 없어요! 먹을 것을 주세요!' 지구 반대편 굶주리는 이웃에게 인제라를 보내자고 눈물로 호소하시던 모습이 아직도 기억에 생생합니다.

월드비전 본부에서 새내기 사회복지사로 일할 때, 회장님께서 어느 곳에서 설교를 하시고 나면 며칠 후 사랑의 빵 저금통이 우르르 여의도 사무실로 들어옵니다. 하나의 저금통은 아무것도 아닌 것 같지만 몇 백 개, 몇 천 개의 저금통이 수거되는 날이면 그 무게만도 가히 몇 톤은 될 것입니다. 그날은 전직원이 모여 저금통에 담긴 동전을 세어 영수증을 발행하고 감사편지를 보내기 위해 야근을 불사하는 날입니다.

작은 동전이 모여 어떤 변화를 만들어내는지 제 눈으로 직접 확인할 수 있었던 것은 정말 잊지 못할 추억입니다. 지원하는 사업장 수는 해마다 기하급수적으로 늘었고 모금목표액도 그에 따라 급격히 늘어갔습니다. 신기하게도 연말이 되면 정확히 목표액을 달성하곤 했습니다. 늘 현장을 찾으시고 후원해줄 교회와 기업체를 만나고 설득하는 일로 바쁘신 회장님을 뵈며, 직원들이 너무 힘들다고 좀 천천히 하시자고 말하고 싶었던 적도 가끔 아주 가끔은 있었습니다. 20대 직원들보다 체력이 더 좋으셨지요.

그 열정은 대체 어디서 나오는 것일까요?
그분의 설교는 왜 사람들에게 감동을 줄까요?
감동을 넘어 지속적인 후원을 만들어내는 힘은 무엇일까요?

이윤구 회장님은 1929년 11월 5일 강원도 원주에서 태어나 2013년 8월 30일 84세를 일기로 하와이에서 생을 마감하기까지 평생을 사회복지 실천가로, 시민운동가로 사셨습니다. 한신대학교 신학과를 거쳐 중앙신학교(현 강남대학교) 사회사업학과를 졸업하고 미국 펜들힐대학원에서 석사학위를, 영국 맨체스터대학교 경제사회대학원(사회복지 전공)에서 철학박사 학위를 받았습니다.

1960년대 초반 기독교세계봉사회 중동지역 책임자로 파송된 것이 계기가 되어, 이후 유엔아동기금(UNICEF) 인도, 방글라데시, 이집트 대표 등 UN을 비롯한 국제 NGO의 책임자로서, 최초의 국제 사회복지사로서, 지구촌 분쟁 및 빈곤의 현장을 지켰습니다. 이후 귀국하여 한신대 교수, 한국청소년연구원 초대 원장, 월드비전 한국 회장(월드비전 국제본부 총재 특별대표), 한국사회복지사협회 회장, 인제대 총장, 제23대 대한적십자사 총재, 한동대 석좌교수 등을 지내며, 학계와 현장, 사회복지와 시민사회단체 간 융합과 협력을 도모하였습니다.

특히 월드비전 회장으로 일하며 북한인도지원의 물꼬를 튼 선구자로서 은퇴 후에도 범종단북한수재민돕기추진위원회 등 각종 단체를 통해 지속적으로 북한돕기사업을 추진했습니다. 2005년부터 2011년까지 미래복지경영의 초대이사장을 지내며 협회사업의 초기 정착에 힘을 쏟았습니다.

회장, 이사장, 교수, 총장, 총재 등 직함만 해도 수없이 많고 각종 훈장과 공로상도 많이 받으셨습니다. 그러나 그의 호 송엽(松葉), 우리말로 '솔잎'이라는 이름을 제일 좋아하셨다고 합니다.

한참이 지난 후에야 회장님의 삶, 철학, 월드비전을 통해 이루고자 한 꿈을 알게 되었습니다. 회장님의 사진을 보면 그 해에 세계 어느 나라에서 무슨 일이 벌어졌는지, 뉴스를 검색하지 않아도 알 수 있습니다. 분쟁의 상황, 가난과 기근의 현장에 거침 없이 제일 먼저 달려가셨기 때문입니다. 그분의 삶 자체가 고난과 역경의 연속이었고, 20년이라는 시간을 '지구촌 순례자'로 살아오신 경험이 인간에 대한 깊은 사랑과 연민을 만들어냈다는 사실을 알게 되었습니다.

또다시 세월이 흘러 그 시절의 신참 사회복지사는 한 조직을 책임 맡게 되었고 회장님은 더 좋은 곳으로 가셨습니다. 이제야 회장님 같은 리더와 함께 일한다는 것이 얼마나 큰 축복인지, 회장님이 얼마나 큰 스승이셨는지 깊이 깨닫게 됩니다. 그리고 스스로에게 묻습니다. 나의 삶이 사회복지의 철학을 진심으로 실천하고 있는가를 말입니다.

회장님의 삶을 글로 정리하는 일은 즐겁고 의미있는 작업임과 동시에 너무나도 두려운 일이었습니다. 행여 그분의 삶에 누가 되지 않을까 부끄럽고 염려가 됩니다. 그분의 철학과 가치를 담아내기에 글 솜씨가 부족할 따름입니다. 그럼에도 용기를 낸 것은 회장님의 삶을 깊이 들여다볼 수 있는 것만으로도 까마득한 후배 사회복지사인 제게 큰 도전과 교훈이 되었기 때문입니다. 한 사람의 독자가 되어 고난과 시련의 순간에 함께 안타까움의 눈물을 흘렸고 역경을 딛고 성취를 맛보았을 때 함께 감사의 기도를 드렸습니다. 다시 없을 귀한 시간이었습니다.

이 책이 나오기까지 애써주신 최성균 회장님과 미래복지경영 관계자 분들께 깊이 감사드립니다. 소년 이윤구의 이야기를 긴 시간 들려주시며 격려해주신 조남진 장로님, 가족이야기를 들려주신 차경애 이사장님께 특별한 감사를 드립니다. 또한 코람데오 임병해 사장님의 세심한 배려에 깊이 감사드립니다.

"꿈은 꾸는 것 자체가 의미 있습니다. 그 꿈은 나만이 아닌 모두를 위한 꿈이어야 합니다. 그러면 그 꿈은 반드시 이루어집니다."

2021년 3월
춘천에서
이은영

저자 소개

# 이은영

**경력**

사회복지법인 계명복지재단 상임이사

사회복지법인 계명복지재단 참사랑의집 원장

한림성심대학교 사회복지과 겸임교수

사회복지법인 계명복지재단 양지노인마을 원장

사회복지법인 월드비전 본부 기획연수국 주임

**학력**

이화여자대학교 사회복지전문대학원 사회복지학 박사

이화여자대학교 사회복지대학원 사회복지학 석사

이화여자대학교 사회사업학과 졸업

**사회활동**

강원도장애인복지시설협회 회장

미래복지경영 강원지회 부회장

강원도사회복지사협회 부회장, 정책위원회 위원장

국민건강보험공단 장기요양심사위원회 위원

한국장기요양학회 이사

## 저서 및 연구

공감과 소통으로 도전적 행동 이해하기(2020), 강원사회복지공동모금회 강원
　　도장애인복지시설협회.

강원도 장애인복지시설 종사자 안전보호체계 구축을 위한 실태조사 보고서
　　(2019), 강원사회복지공동모금회 강원도장애인복지시설협회.

제2차 강원도 사회복지시설 종사자 처우실태 및 개선방안(2019), 강원도.

그래도 걸어라(2018), 미래복지경영.

노인복지분야 인권교육교재 '노인인권 길라잡이'(2014), 국가인권위원회.

# 송엽(松葉) 이윤구 박사
(1929. 11. 5 ~ 2013. 8. 30)

## 학력

1953 ~ 1956 한국신학대학교 수료

중앙신학교(現 강남대학교) 사회사업과 졸업

1960 ~ 1961 미국 펜들힐(Pendle Hill)대학원 석사

1970 ~ 1972 영국 맨체스터대학 경제사회대학원 철학박사

## 경력

1961 ~ 1965 기독교 세계봉사회 총무

1965 ~ 1967 중동 기독교연합회 아랍 피난민 구호사업부 총무

1967 ~ 1970 세계기독교협의회 중동파견 특별대표

1973 ~ 1981 유엔아동기금(UNICEF) 이집트·인도·방글라데시 대표

1981 ~ 1984 유엔아동영양특별위원회 사무국장

1985 ~ 1989 한신대학교 사회복지학과 교수, 학과장, 도서관장, 기획실장

1989 ~ 1992 한국청소년연구원 초대 회장(차관급)

1991 ~ 1996 월드비전 한국(WORLD VISION KOREA) 제5대 회장

1992 ~ 1996 한국사회복지사협회 제11대, 제12대 회장

1995 ~ 1996 범종단북한수재민돕기운동 추진위원장

1996 ~ 1998 함석헌기념사업회 이사장

1998 ~ 2013  흥사단 민족통일운동 공동대표

2005. 5      인제대학교 제2대 총장

2003. 9      한국대학사회봉사협의회 회장

2003 ~ 2004  제23대 대한적십자사 총재

2005 ~ 2011  한국사회복지미래경영협회 이사장

2007 ~ 2010  인간성회복운동추진협의회 이사장

2007 ~ 2013  북한결핵어린이돕기 범국민운동본부 총재

2008 ~ 2013  월남(月南) 이상재 선생 기념사업회 대표이사

2008 ~ 2013  함께하는 사랑밭 고문

2012 ~ 2013  한겨레아리랑연합회 이사장


## 수상내역

1970         대한민국 국민훈장 동백장(국제봉사)

1982         대한민국 국민훈장 무궁화장

1984         유엔아동기금(UINCEF) 사무총장 표창

2001         백강상(사회공헌)

# 참고문헌

'바른 선교는 우리 삶을 모두 내어놓는 것입니다'. 지평문화 1994년 9월 창간준
　　비호.

'봉사는 생명 존중의 표현이다 – 월드비전 전 총재 이윤구 박사'. 월간기독교 2007
　　년 8월 5일 제1688호.

'학원복음화 운동 펼치는 이윤구 총장'. 한국기독신문 2001년 6월 2일 제268호.

김범수. 2016. 이제 당신도 한 생명을 구할 수 있습니다-복지선구자 이윤구 전 월
　　드비전 회장. 복지저널.

김흡영. 2015. 한 신학자가 본 송엽의 사상. 제1회 송엽 이윤구사회복지지도자상
　　시상식 자료집.

남상욱. 2007. 이윤구박사 '종교 해외봉사활동, 다시 돌아봐야'. 헤럴드POP,
　　2007.8.31일자.

두피디아 두산세계대백과사전 m.doopedia.co.kr/

미래복지경영 소식지 창간호, 2011년 11월.

우리민족서로돕기운동. 2016. 나눔과 평화의 길, 그 스무해의 여정. 우리민족서로
　　돕기운동 20년 백서

원주농고 50주년 기념문집

월드비전 소식지. 1994년 3-4월호.

월드비전 소식지. 1996년 11-12월호.

월드비전 소식지. 2014년 1-2월호.

월드비전. 2001. 월드비전 한국 50년운동사(1950-2000)

월드비전. 2010. 한국 월드비전 60년사(1950-2010)

위키백과 ko.m.wikipedia.org/

이용범. 2010. 월드비전의 대북 농업개발협력사업. KREI 북한농업동향 제12권 제
　　2호. 한국농촌경제연구원.

이윤구. 1985. 뉴욕에서 조국을 생각한다. 동서문화사.

이윤구. 1989. 하늘만 믿은 님(信天翁)과 퀘이커 신앙. 씨알의 소리 1989년 4월호.

이윤구. 1990. 새벽을 열며-청소년들에게 보내는 이윤구 방송에세이. 웅진문화.

이윤구. 1991. 역경의 열매-너와 함께 하리라. 국민일보사.

이윤구. 1996. 감사 기도와 주님 찬양의 고별 기도. 소식지 선명 11, 12월호

이윤구. 2004. 자유아시아방송 인터뷰.

이윤구. 2004.4.18. 화목의 십자가. 칼럼.

이윤구. 2006. 평화를 배팅하다. 경상일보.

이윤구. 2007. 사랑의 빵을 들고 땅 끝까지. 아름다운 사람들.

이윤구. 2012. 지구촌 밑바닥 10여억이 목매어 부릅니다. 한동대학교 학위수여식 강연.

이은영 조소연 차미예. 2017. 그래도 걸어라 - 미래복지경영과 함께한 사람들. 미래복지경영.

자유아시아방송 인터뷰, 2004.

적십자신문, 대한적십자사 제23대 이윤구 총재 취임사. 2004. 2. 1일자

조남진 장로 인터뷰 2020. 5. 29.

차경애 이사장 인터뷰 2020. 10. 6.

최성균. 2001. 사랑 만남 사회복지. 신지성사.

최성균. 2004. 만남의 사회복지. 코람데오.

최성균. 2020. 나의 만남은 길 위에서 이루어졌다. 꽃자리.

한국교회, 성장보다는 성숙에 힘쓸 때, 한국교회신문, 1996년 11월 3일자.

한국민족문화대백과사전 encykorea.aks.ac.kr/

한국사회복지미래경영협회 소식지, 2011년 창간호.

한국사회복지사협회. 2017. 한국사회복지사협회 50년사.

한국선명회 이윤구 회장과 함께, 한국교회신문, 1996년 11월 3일자.

이윤구의
모두를 위해 모두가 함께 꾸는 꿈

초판 인쇄   2021년 3월 29일
초판 발행   2021년 4월  3일

지 은 이   이은영
펴 낸 곳   미래복지경영 · 코람데오
등    록   제300-2009-169호
주    소   서울시 종로구 세종대로 23길 54, 1006호
전    화   02)2264-3650, 010-5415-3650
            FAX. 02)2264-3652
E-mail   soho3650@naver.com

ISBN | 978-89-97456-93-2  03230

값 13,000원

※ 잘못된 책은 바꾸어 드립니다.